Teach
Yourself[R]

Essential
Irish grammar

Éamonn Ó Dónaill

D0557845

For UK order enquiries: please contact Bookpoint Ltd,
130 Milton Park, Abingdon, Oxon, OX14 4SB.
Telephone: +44 (0) 1235 827720. *Fax:* +44 (0) 1235 400454.
Lines are open 09.00–17.00, Monday to Saturday, with a 24-hour
message answering service. Details about our titles and how to
order are available at www.teachyourself.com

For USA order enquiries: please contact McGraw-Hill Customer
Services, PO Box 545, Blacklick, OH 43004-0545, USA.
Telephone: 1-800-722-4726. *Fax:* 1-614-755-5645.

For Canada order enquiries: please contact McGraw-Hill
Ryerson Ltd, 300 Water St, Whitby, Ontario, L1N 9B6, Canada.
Telephone: 905 430 5000. *Fax:* 905 430 5020.

Long renowned as the authoritative source for self-guided learning –
with more than 50 million copies sold worldwide – the *Teach Yourself*
series includes over 500 titles in the fields of languages, crafts, hobbies,
business, computing and education.

British Library Cataloguing in Publication Data: a catalogue record
for this title is available from the British Library.

Library of Congress Catalog Card Number: on file.

First published in UK 2005 by Hodder Education, 338 Euston
Road, London, NW1 3BH.

First published in US 2005 by The McGraw-Hill Companies, Inc.

Previously published as *Teach Yourself Irish Grammar*.

The *Teach Yourself* name is a registered trade mark of
Hodder Headline.

Typeset by Cenveo® Publisher Services.

Printed in Great Britain for Hodder Education, a division of
Hodder Headline, 338 Euston Road, London.

The publisher has used its best endeavours to ensure that the URLs
for external websites referred to in this book are correct and active
at the time of going to press. However, the publisher and the
author have no responsibility for the websites and can make no
guarantee that a site will remain live or that the content will remain
relevant, decent or appropriate.

Hodder Headline's policy is to use papers that are natural,
renewable and recyclable products and made from wood grown
in sustainable forests. The logging and manufacturing processes
are expected to conform to the environmental regulations of the
country of origin.

Impression number   10 9 8 7 6
Year   2017

To my parents and aunt Frances

....

Acknowledgments

I would like to thank the following people involved in the production of this book:

Sue Hart and Ginny Catmur at Hodder, for their support, kindness, and patience; Josephine Curtis for her excellent editing work; the readers, Risteard Mac Gabhann and Aodán Mac Póilín, for their comments; Tok Thompson for his invaluable advice and insightful guidance; Vivienne Lavery for her encouragement; Liam Ó Cuinneagáin of Oideas Gael (www.oideas-gael.com) for his support over many years, particularly when I was trying to finish this book; and finally my students, for trying out many of the exercises.

Éamonn Ó Dónaill

Credits

Contents

Personal introduction

Many people find the learning of grammar extremely daunting; in this book, therefore, an attempt has been made to explain the grammar of Irish in simple, jargon-free language and to present examples that are useful and reflect everyday usage. All the structures presented are illustrated with examples that are translated into English. It is probably worth making the **glossary of grammatical terms** your starting point, especially if you are unsure about terms such as noun, adjective, verb, etc.

On the contents page, the grammar covered in each unit is outlined. If you want to look up a particular grammar point, you can also consult the index at the back of the book.

The following procedure is suggested for working through each unit:

Read the section headed **In this unit you will learn about ...**, in order to get an overview of what grammar is taught in the unit. When the structures contained in that section are clear to you, try out the exercises which follow the explanations. These are designed to give you immediate practice of the grammar points, through a variety of activities. You can return to the exercises at a later date to test yourself. At that point, try to do them without looking at the explanations, to see what you can remember.

Once you have completed the exercises, you can check your answers in the **Key to 'Test yourself'** section at the back of the book.

You should also consult the **Taking it further** section, where you will find references to other grammar books and useful information related to the Irish language, such as websites, language courses and organizations.

The main Irish language dictionary, *Foclóir Gaeilge – Béarla*, Niall Ó Dónaill and Tomás de Bhaldraithe (eds.), published by Oifig an tSoláthair, Dublin (1977), is referred to throughout this book.

Éamonn Ó Dónaill

1

Irish spelling, accents and stress

In this unit you will learn about
- *The alphabet*
- *Changes to the beginning of words (lenition, eclipsis)*
- *Long and short vowels*
- *Broad and slender consonants*
- *Word order*
- *Slenderizing and broadening*
- *Syncopation*
- *Word stress*
- *Yes and no in Irish*

The alphabet

The letters of the basic Irish alphabet are:

a, b, c, d, e, f, g, h, i, l, m, n, o, p, r, s, t, u

The letter **v** occurs in some loan-words:

veain (*van*)
vóta (*vote*)

The remaining letters (**j, q, w, x, z**) occur very rarely (they are mostly found in scientific and mathematical words).

Changes to the beginning of words (lenition, eclipsis)

In Irish (as in other Celtic languages), both the beginning and the ending of a word can change.

The change of form at the beginning of a word is caused by a preceding word. One such change is called lenition (or **séimhiú** in Irish) and the other eclipsis (**urú** in Irish). You will see many examples of lenition and eclipsis throughout this book.

Lenition

This change occurs to the following consonants:

b	→	bh	g	→	gh
c	→	ch	m	→	mh
d	→	dh	p	→	ph
f	→	fh	s	→	sh
		t → th			

The remaining consonants (**h, l, n, r**) cannot be lenited.

Eclipsis

This change occurs to both consonants and vowels.

Here are the consonants that are affected by eclipsis:

b	→	mb	g	→	ng
c	→	gc	p	→	bp
d	→	nd	t	→	dt
f	→	bhf			

The remaining consonants (**h, l, m, n, r, s**) cannot be eclipsed.

t before vowels and *s*

t can be placed before an initial vowel. It is followed by a hyphen, except when the vowel is a capital letter:

t-a	tA
t-e	tE
t-i	tI
t-o	tO
t-u	tU

Insight

There is never a hyphen between **t** and an initial **s**:

ts	tS

n before vowels

n can be placed before an initial vowel. It is followed by a hyphen, except when the vowel is a capital letter:

n-a	nA
n-e	nE
n-i	nI
n-o	nO
n-u	nU

h before vowels

h can be placed before an initial vowel. Again, there is never a hyphen between an h and a vowel:

ha	hA
he	hE
hi	hI
ho	hO
hu	hU

Long and short vowels

Vowels in Irish are either long or short. A length accent or a stroke (called **síneadh fada** in Irish) over a vowel indicates that it is long. Replacing one type of vowel with the other changes the pronunciation of a word, e.g. **páiste** (*child*) and **paiste** (*patch*).

short	*long*
a	á
e	é
i	í
o	ó
u	ú

Broad and slender consonants

Irish has many more consonant sounds than other languages such as English. In Irish, each consonant has a broad and a slender value. In spoken language, failure to distinguish between the two types of consonant can change the meaning of a word.

In written Irish, a broad consonant is preceded by or followed by the broad vowels **a/á**, **o/ó**, or **u/ú**. A slender consonant is preceded by or followed by the slender vowels **i/í** or **e/é**.

Broad consonants
póg (the **p** and **g** are broad)

Slender consonants
feiceáil (the **f**, **c** and **l** are slender)

Slender with slender and broad with broad
One of the major rules in Irish spelling is 'slender with slender and broad with broad'. What this means is that a consonant in the middle of a word must be surrounded by the same kind of vowel – both must be slender (**e**, **i**) or both must be broad (**o**, **a**, **u**). There are few exceptions to this rule.

Here are two examples of 'slender with slender and broad with broad':

deireadh (the r is flanked by the slender vowels, i and e)
focal (the c is flanked by the broad vowels o an a)

Word order

In English, the word order is most commonly as follows:

Subject	verb	object	other
Ciara	**bought**	**a car**	**yesterday**

In Irish, however, the order is different – the verb generally comes at the beginning of a simple sentence:

Verb	subject	object	other
Cheannaigh	**Síle**	**carr**	**inné**
Bought	Síle	car	yesterday

Slenderizing and broadening

A consonant is usually made slender by inserting an i before it:

amhrán (*song*)   amhráin

Sometimes, however, one or two other vowels in the word are affected:

fear (*man*)	→	fir (e and a are lost)
béal (*mouth*)	→	béil (the a is lost)
iasc (*fish*)	→	éisc (ia is replaced by éi)
síol (*seed*)	→	síl (the o is lost)

A consonant is made broad by removing the **i** which precedes it:

athair (*father*) → athar

Again, sometimes, one or two other vowels in the word are affected:

baincéir (*banker*) → baincéara
mil (*honey*) → meala

Insight

Notice that the changes that occur to vowels for broadening are the opposite to those changes that occur for slenderizing.

Syncopation

Syncopation refers to the loss of one or more vowels or a syllable from the middle of a word:

milis (*sweet*)   níos milse (*sweeter*)
coinneal (*candle*)   coinnle (*candles*)

Word stress

In Irish, the stress is usually placed on the first syllable of a word:

athair (*father*)
coláiste (*college*)

Note: In Munster Irish (spoken in Waterford, Cork and Kerry), the stress is often placed on syllables other than the first:

fuin**neog** (*window*)
cais**leán** (*castle*)

Many adverbs containing two or more syllables are stressed on the second syllable:

amá**rach** (*tomorrow*)
am**uigh** (*outside*)

Yes and no in Irish

The Irish language does not have equivalents of the English *yes* and *no*. Instead, the speaker repeats the verb from the question in the affirmative or the negative:

An bhfaca tú Doireann inné? (*Did you see Doireann yesterday?*)
Chonaic./Ní fhaca. (literally, *Saw./Didn't see.*)
An dtéann sí ansin go minic? (*Does she go there often?*)
Téann./Ní théann. (literally, *Goes./Doesn't go.*)

Insight

The same system is used in Hiberno-English:

Were you home at the weekend?

I was.

Test yourself

A Most consonants are eclipsed when they follow the word **i** (*in*). Change the initial consonant of each place-name listed if necessary.

1	Baile Átha Cliath (*Dublin*)	i _____ Átha Cliath (*in Dublin*)	
2	Doire (*Derry*)	i _____ (*in Derry*)	
3	Londain (*London*)	i _____ (*in London*)	
4	Glaschú (*Glasgow*)	i _____ (*in Glasgow*)	
5	Muineachán (*Monaghan*)	i _____ (*in Monaghan*)	
6	Páras (*Paris*)	i _____ (*in Paris*)	
7	Trá Lí (*Tralee*)	i _____ Lí (*in Tralee*)	
8	Sasana (*England*)	i _____ (*in England*)	
9	Cúba (*Cuba*)	i _____ (*in Cuba*)	
10	Fear Manach (*Fermanagh*)	i _____ Manach (*in Fermanagh*)	

B Say whether the consonants underlined are broad or slender.

1 dei<u>r</u>eadh
2 foca<u>l</u>
3 poi<u>bl</u>í
4 Spáinni<u>s</u>
5 scrú<u>d</u>ú

In context

Read the following descriptions from a dating website and answer the questions that follow. The vocabulary box will help you understand what is going on.

<u>Caoimhín</u> is ainm dom. Rugadh i mBaile Átha Cliath mé ach tá mé i mo chónaí ar an m<u>Bun</u> Beag anois. Tá dúil agam sa pheil ach níl mé ar fhoireann ar bith.

Seán an t-ainm atá orm. Rugadh i gCorcaigh mé ach <u>tógadh</u> i gContae Chiarraí mé. Tá mé i mo chónaí ar bhruach na habhann. Bím ag obair i mbialann agus tá dúil agam sa chócaireacht.

Máire is ainm dom. Rugadh ar an mBaile <u>Meánach</u> mé ach tógadh i mBéal Feirste mé. Tá <u>gruaig</u> fhionn orm agus is bean chairdiúil mé.

Vocabulary

ainm (*name*), rugadh (*born*), i mo chónaí (*living*), dúil (*interest*), foireann (*team*), tógadh (*brought up*), bruach na habhann (*riverbank*), bialann (*restaurant*), cócaireacht (*cooking*), gruaig (*hair*), fionn (*blond*), cairdiúil (*friendly*).

---

1. Find examples of eclipses in the text.
2. Find examples of lenition in the text.
3. There are a few words underlined in the passages. Say whether they end in a broad or a slender consonant.

2

Articles and nouns

In this unit you will learn about
- *Articles*
- *Uses of the definite article*
- *Avoidance of double article*
- *Gender of nouns*
- *How to recognize masculine and feminine nouns*
- *The various cases of the noun*
- *Initial changes in the nominative/accusative cases*
- *Initial consonants and vowels in the plural*
- *Strong-plural and weak-plural nouns*
- *Declensions*

Articles

There is only one article in the Irish language, that is, the definite article:

an páiste (*the child*)

Páiste, therefore, without the definite article (**an**) can mean either *child* or a *child*.

In the singular, the form is **an**.
(Exception: in the genitive singular, feminine, **na** is used.)

The form in the plural is **na**:
na páistí (*the children*)

The article combines with **cé** and with the simple prepositions **do, de, faoi, i, ó** to form the compounds **cén, don, den, faoin, sa** (used before consonants), **san** (used before vowels), and **ón**.

> **Cén** fáth a ndeachaigh tú ansin? (*Why did you go there?*)
> **Cén** áit a raibh tú inné? (*Where were you yesterday?*)
> Thuirling mé **den** bhus. (*I got off the bus.*)
> Thug mé an t-airgead **don** bhean. (*I gave the money to the woman.*)
> Bhí mé i mo sheasamh **faoin** droichead. (*I was standing under the bridge.*)
> Bhí sí **sa** bhaile ag an deireadh seachtaine. (*She was at home at the weekend.*)
> D'fhan mé **san** óstán. (*I stayed in the hotel.*)
> Fuair mé nuachtán **ón** siopa. (*I got a newspaper from the shop.*)

Uses of the definite article

The definite article in Irish is used in ways in which its equivalent in English would not be:

a *With certain place-names*
an Fhrainc (*France*)
an Bheilg (*Belgium*)
an tSín (*China*)

Insight

The article is used with the place-names Albain, Éire, and Gaillimh in the genitive case only:

Albain (*Scotland*)	muintir **na** hAlban (*the people of Scotland*)
Éire	stair **na** hÉireann (*the history of Ireland*)
Gaillimh	cathair **na** Gaillimhe (*Galway city*)

b *With the names of languages when referring to them in a general sense:*

an Béarla (*English*)
an Ghaeilge (*Irish*)

c *With the names of the seasons:*

an t-earrach (*spring*)
an samhradh (*summer*)
an fómhar (*autumn*)
an geimhreadh (*winter*)

d *With the days of the week:*

an Luan (*Monday*)
an Mháirt (*Tuesday*)
an Chéadaoin (*Wednesday*)
an Déardaoin (*Thursday*)
an Aoine (*Friday*)
an Satharn (*Saturday*)
an Domhnach (*Sunday*)

e *With the names of certain months or feasts:*

an Cháisc (*Easter*)
an Carghas (*Lent*)
an Nollaig (*Christmas*)
mí na Bealtaine (*May*)
mí na Samhna (*November*)

f *In titles:*

an tUachtarán Barack Obama (*President Barack Obama*)
an tUasal Ó Ceallaigh (*Mr Kelly*)
an Dochtúir Ó Briain (*Dr O'Brien*)
an tOllamh Ó Cuinneagáin (*Professor Cunningham*)

g *Before surnames when the personal name and* Ó, Mac, *and* de *are omitted:*

an Ceallach (*Mr Kelly*)
an Ríordánach (*Mr O'Riordan*)

Avoidance of double article

When two nouns preceded by the definite article are used together, the first article is omitted:

an barr (*the top*) + an staighre (*the stairs*) = barr an staighre (*the top of the stairs*)

an obair (*the work*) + an tiománaí (*the driver*) = obair an tiománaí (*the work of the driver*)

Gender of nouns

All nouns in Irish are either masculine or feminine. This is not necessarily based on the sex of the object – the noun **cailín** (*girl*), for example, is masculine in a grammatical sense.

How to recognize masculine and feminine nouns

The ending of a noun determines whether it is masculine or feminine. Here is a guide to masculine and feminine endings.

Masculine nouns: endings
-(a)ire   iascaire (*fisherman*), ailtire (*architect*)
            Exceptions: aire (*care*), faire (*wake*), trócaire (*mercy*)
-án   cosán (*path*), amhrán (*song*)
-(e)acht*ceacht (*lesson*), fuacht (*cold*)
            Exception: léacht (*lecture*)

-éad	éad (*jealousy*), seaicéad (*jacket*), buicéad (*bucket*)
-(e)adh	geimhreadh (*winter*), samhradh (*summer*), bualadh (*beating*)
-éal	béal (*mouth*), scéal (*story*)
-éar	féar (*grass*), páipéar (*paper*)
	Exceptions: méar (*finger*), sméar (*berry*)
-éir**	báicéir (*baker*), siúinéir (*carpenter*), búistéir (*butcher*)
-eoir	múinteoir (*teacher*), feirmeoir (*farmer*)
	Exceptions: beoir (*beer*), deoir (*drop*), treoir (*guidance*)
-óir	cúntóir (*assistant*)
	Exceptions: altóir (*altar*), éagóir (*injustice*), glóir (*glory*), onóir (*honour*), tóir (*pursuit*)
-úir	saighdiúir (*soldier*), dochtúir (*doctor*)
-ste	coiste (*committee*), páiste (*child*)
	Exceptions: aiste (*essay*), timpiste (*accident*), tubaiste (*disaster*)
-ún	botún (*mistake*), príosún (*prison*)
-úr	casúr (*hammer*), pictiúr (*picture*)
	Exceptions: deirfiúr (*sister*), siúr (*sister – nun*)

* nouns with one syllable ** when occupations are being referred to

Feminine nouns: endings

-(a)íl	feadaíl (*whistling*)
-(e)áil	sábháil (*rescue*)
-(e)ailt	oscailt (*opening*), tochailt (*digging*)
-(a)int	seachaint (*avoidance*), tuiscint (*understanding*)
	Exception: sáirsint (*sergeant*)
-áint	tiomáint (*driving*)
-is/ís	uirlis (*instrument*), foraois (*forest*), mailís (*malice*)
-chan	athbheochan (*revival*)
	Exception: meáchan (*weight*)
-(a)irt	abairt (*sentence*), scairt (*call*)
-(e)acht***	beannacht (*blessing*), gluaiseacht (*movement*)
	Exceptions: bunreacht (*constitution*), comhlacht (*company*)
-(a)íocht***	filíocht (*poetry*)
-úil	barúil (*opinion*)
-úint	canúint (*dialect*)

-lann	bialann (*restaurant*), amharclann (*theatre*)
	Exceptions: anlann (*sauce*), salann (*salt*)
-eog/-óg	bábóg (*doll*), brídeog (*bride*)
	Exception: dallamullóg (*deception*)

*** nouns with more than one syllable

Most countries, rivers and languages are feminine:

Countries:	an Astráil (*Australia*), an Fhrainc (*France*), an Iodáil (*Italy*), etc.
Rivers:	an Bhóinn (*the Boyne*), an Éirne (*the Erne*), an tSionainn (*the Shannon*), etc.
Languages:	an Fhraincis (*French*), an Ghaeilge (*Irish*), an Iodáilis (*Italian*), etc. **Exception:** an Béarla (*English*)

Compound words

When two nouns are joined together to form a compound noun, the second word is the important one as it determines the gender of the new noun.

Example:

The Irish word for *village*, **sráidbhaile**, is a compound noun. This is how the word is formed:
sráid (feminine) (*street*) + **baile** (masculine) (*town*)

Sráidbhaile, despite containing a feminine noun, is masculine because the second noun it contains is masculine.

The various cases of the noun

The nominative case

A noun or pronoun is in the nominative case when it is the subject of the sentence. The subject usually comes directly after the verb and generally does the act referred to in the sentence. The Irish words in bold in these sentences are the subjects of the sentences and are therefore in the nominative case:

> Stop **an bhean** agus d'fhéach sí air. (*The woman stopped and looked at him.*)
> Labhair **Seán** leis na hoibrithe ar feadh leathuaire. (*Seán spoke to the workers for half an hour.*)

The accusative case

A noun or pronoun is in the accusative when it is the object of the sentence, or the person or thing affected by the act being referred to. The Irish words in bold in these sentences are the objects of the sentences and are therefore in the accusative case:

> Cheannaigh Caitlín **madra** do na páistí agus thug sí abhaile é Oíche Nollag. (*Caitlín bought a dog for the children and brought it home on Christmas Eve.*)
> Cheannaigh Risteard **nuachtán** agus léigh sé é cois farraige. (*Risteard bought a newspaper and read it by the sea.*)

The genitive case

In the genitive case, one noun governs another:

> mac an fhir (*the man's son*)

The genitive of a noun is used to express possession, position, origin, etc.:

> obair na máithreacha (*the mothers' work*)
> doras tosaigh (*front door*)

The dative case

Nouns which follow the simple prepositions **ag** (*at*), **ar** (*on*), **as** (*from, out of*), **chuig** (*to*), **de** (*off, of, from*), **do** (*to, for*), **faoi** (*under, about*), **go** (*to, until*), **i** (*in*), **le** (*with, by*), **ó** (*from*), **roimh** (*before*), **thar** (*over*), **trí** (*through, among*), and **um** (*about, at*) are in the dative case. The Irish words in bold in the sentences below are in the dative case:

> ar an **mbus** (*on the bus*)
> i **monarcha** (*in a factory*)
> go **Sasana** (*to England*)
> leis an **athair** (*with the father*)

The vocative case

An noun is in the vocative case when used to name the person or thing that is being addressed. In the vocative case, the particle **a** is placed before the noun and the initial consonant is lenited. Vowels remain unchanged:

> A **Sheáin**, seo í mo mháthair. (*Seán, this is my mother.*)
> A **amadáin**! (*You fool!*)
> Conas atá sibh inniu, a **fheara**? (*How are you today, men?*)

In the case of some masculine nouns, the ending is made slender, in addition to the initial consonant being lenited:

> Cad é mar atá cúrsaí, a **Chiaráin**? (*How are things, Ciarán?*)
> Cén chaoi a bhfuil tú, a **mhic**? (*How are you, son?*)

Feminine nouns are lenited as well, but the ending never changes in the vocative case:

> Is fada an lá ó chonaic mé tú, a **Shiobhán**. (*I haven't seen you in a long time, Siobhán.*)
> Go raibh míle maith agat, a **Chlár**. (*Thanks very much, Clár.*)

Initial changes in the nominative/accusative cases

Masculine nouns which begin with a consonant are not affected by the definite article. Those with an initial vowel, however, have **t-** added to their beginning.

> an fear (*the man*)
> an saighdiúir (*the soldier*)
> an **t**-athair (*the father*)
> an **t**-uncail (*the uncle*)
> an **t**-óstán (*the hotel*)

Feminine nouns which begin with a consonant are lenited when the article is placed before them, and **s** is changed to **ts**. Those with an initial vowel, however, remain unchanged.

> an **bh**ean (*the woman*)
> an **mh**áthair (*the mother*)
> an aintín (*the aunt*)
> an ollscoil (*the university*)
> an **ts**ráid (*the street*)
> an **ts**láinte (*health*)
> an **ts**náthaid (*the needle*)
> an **ts**ochraid (*the funeral*)

Overview

Every noun in Irish fits into one of the categories below:

Nouns which begin with:

(a) a vowel:	an **t**-athair (m.) (*the father*)
	an iris (f.) (*the magazine*)
(b) a consonant:	an bainisteoir (m.) (*the manager*)
	an **bh**ean (f.) (*the woman*)
(c) **s**:	an sagart (m.) (*the priest*)
	an **ts**ráid (f.) (*the street*)
	(**t** cannot be placed before **sc-, sf-, sm-, sp-, st-**)

(d) **d, t:**   an duine (m.) (*the person*)
an deirfiúr (f.) (*the sister*)
an tine (f.) (*the fire*)
an tionscadal (m.) (*the project*)
(Feminine nouns beginning with **d** and **t** are not lenited in the nominative/accusative case)

Initial consonants and vowels in the plural

The definite article **na** does not cause lenition in the plural:

Nom. sing.	Plural
an mheánscoil (*the secondary school*)	na meánscoileanna (*the secondary schools*)
an teach (*the house*)	na tithe (*the houses*)

An **h** is prefixed to initial vowels in the plural:

Nom. sing.	Plural
an t-ógánach (*the youth*)	na **h**ógánaigh* (*the youths*)
an t-ábhar (*the subject*)	na **h**ábhair* (*the subjects*)

* Note that there is never a hyphen between **h** and a vowel.

Strong-plural and weak-plural nouns

Weak plurals

Nouns with weak plurals have different forms in the nominative and genitive plural.

A noun has a weak plural:

(a) when the nominative case, plural ends in a slender consonant
or
(b) if **-a** is added to the nominative singular to form the
nominative plural.

Examples of a:	Nom. sing.	Nom. plural
	amhrán (*song*)	amhráin (*songs*)
	peann (*pen*)	pinn (*pens*)
	bád (*boat*)	báid (*boats*)
	fear (*man*)	fir (*men*)
	páipéar (*papers*)	páipéir (*papers*)

Examples of b:	Nom. sing.	Nom. plural
	bróg (*shoe*)	bróga (*shoes*)
	úll (*apple*)	úlla (*apples*)
	cos (*foot*)	cosa (*feet*)
	leabharlann (*library*)	leabharlanna (*libraries*)

Strong plurals

All the nouns that are not like those that we have just seen are said to
have strong plurals. The same form is used in all cases in the plural:

fadh**banna** (*problems*)
fuaim**eanna** (*sounds*)
rang**anna** (*classes*)
briathra (*verbs*)
doirse (*doors*)
cruinnithe (*meetings*)

Insight: Using the dictionary

In *Foclóir Gaeilge-Béarla* (Niall Ó Dónaill and Tomás de
Bhaldraithe), both the nominative plural (npl.) and the
genitive plural (gpl.) are given in the case of nouns which
have a weak plural. This is a typical entry:

bileog (*leaflet, handout*)
bileog, *f.* (*gs.* - **oige,** *npl.* ~**a,** *gpl.* ~)

The tilde (~) indicates that the genitive plural form and the basic form (nominative singular) are the same.

In the case of nouns with strong plurals, however, there is only one entry for the plural. Here is a typical entry:

ollamh (*professor*)
ollamh, *m.* (*gs.* - **aimh,** *pl.* **ollúna**)

Declensions

Nouns in Irish are divided into various categories called declensions. There are five declensions in all. More information is given on the declensions in Appendix 1.

Test yourself

A   Say whether each noun is feminine or masculine.

1   an t-agallamh (*the interview*)
2   an tsochraid (*the funeral*)
3   an chontúirt (*the danger*)
4   an eagraíocht (*the organization*)
5   an fhógraíocht (*the advertising*)
6   an sos (*the break*)
7   an iasacht (*the loan*)
8   an ceoltóir (*the musician*)
9   an t-ordú (*the order*)
10 an tseamróg (*the shamrock*)

B Place the article **an** before each of the nouns and change the noun if necessary. Masculine and feminine are indicated by the letters **m.** and **f.** in brackets after the noun.

1 airgead (m.) (*money*)
2 seirbhís (f.) (*service*)
3 áis (f.) (*facility*)
4 bialann (f.) (*restaurant*)
5 athrú (m.) (*change*)
6 forbairt (f.) (*development*)
7 eolaí (m.) (*scientist*)
8 iarratas (m.) (*application*)
9 taithí (f.) (*experience*)
10 irisleabhar (m.) (*journal*)
11 ollscoil (f.) (*university*)
12 ábhar (m.) (*material*)
13 oideachas (m.) (*education*)
14 Béarla (m.) (*English*)
15 Gréigis (f.) (*Greek*)
16 óstán (m.) (*hotel*)
17 pictiúrlann (f.) (*cinema*)
18 meánscoil (f.) (*secondary school*)
19 meánleibhéal (m.) (*intermediate level*)
20 scuab (f.) (*brush*)

C Again, place the article before each of the nouns and change the noun if necessary. This time, however, try working out yourself whether or not the nouns are masculine or feminine by looking at the endings.

1 feadóg (*whistle*)
2 ospidéal (*hospital*)
3 bainis (*wedding*)
4 bradán (*salmon*)
5 beoir (*beer*)
6 sáirsint (*sergeant*)
7 oráiste (*orange*)
8 cuireadh (*invitation*)

9 Gearmáinis (*German*)
10 seamróg (*shamrock*)
11 bileog (*leaflet, handout*)
12 ceardlann (*workshop*)
13 comhlacht (*company*)
14 fuinneog (*window*)
15 eagarthóir (*editor*)
16 filíocht (*poetry*)
17 príosún (*prison*)
18 bagairt (*threat*)
19 éagóir (*injustice*)
20 iarrthóir (*candidate*)

D The plural form of various nouns is given below. In the case of each noun, say whether it has a weak or strong plural.

1 cnámha (*bones*)
2 amhráin (*songs*)
3 áiteanna (*places*)
4 tíortha (*countries*)
5 cosa (*feet, legs*)
6 géaga (*branches*)
7 duaiseanna (*prizes*)
8 fir (*men*)
9 fuinneoga (*windows*)
10 stoirmeacha (*storms*)

In context

Read the following passage from Sean's diary and answer the questions that follow. The vocabulary box will help you understand what is going on.

Bhí an mhaidin go holc. Bhí an aimsir go dona ar fad agus bhí an carr briste. Shiúil mé isteach go dtí an baile mór ach bhí na <u>siopaí</u> druidte mar gurbh é an Domhnach a bhí ann. Chuaigh mé ar ais chuig an teach agus d'amharc mé ar an teilifís ach ní raibh ceann ar bith de na <u>cláir</u> maith. Bhí na <u>ceannlínte</u> nuachta ann ar a deich agus chuala mé go raibh taisme ann ar bhóthar a bhí in aice mo thí. Chuir mé scairt ar mo mháthair ach níor thug sí freagra ar an nguthán.

Vocabulary

maidin (*morning*), go holc (*bad*), an aimsir (*the weather*), go dona (*bad*), briste (*broken*), baile mór (*town*), druidte (*closed*), d'amharc mé ar (*I watched*), cláir (*programmes*), ceannlínte nuachta (*news headlines*), taisme (*accident*), bóthar (*road*), chuir mé scairt ar (*I phoned*), máthair (*mother*), fregara (*answer*), guthán (*phone*).

1. Pick out all the feminine singular words in the passage.
2. Pick out all the masculine singular words in the passage.
3. Say whether the underlined words in the passage are strong or weak plurals.

3

··

The genitive case

In this unit you will learn about
- *The genitive case: general*
- *The genitive singular with an article*
- *The genitive singular: word endings*
- *The genitive plural*
- *Using the dictionary*
- *The nominative form instead of the genitive*

The genitive case: general

In English, *of* is often used to convey the relationship between two words:

> *a lot of work*
> *a glass of beer*

Or, in the case of possession, *'s* is used:

> *a day's work*

In Irish, one noun is placed after the other and the second one is usually changed. This second noun is said to be in the genitive case:

obair *(work)*   a lán **oibre** *(a lot of work)*
beoir *(beer)*   gloine **beorach** *(a glass of beer)*
lá *(day)*   obair **lae** *(a day's work)*

A noun is also in the genitive case when it follows:

a a compound preposition:

an teach *(the house)*	os comhair **an tí** *(in front of the house)*
an samhradh *(the summer)*	i rith **an tsamhraidh** *(during the summer)*

b the prepositions **chun, dála, timpeall,** and **trasna**:

an scéal *(the story, news)*	dála **an scéil** *(by the way)*
an baile *(the town)*	chun **an bhaile** *(to the town)*
an pháirc *(the field)*	timpeall **na páirce** *(around the field)*
an spéir *(the sky)*	trasna **na spéire** *(across the sky)*

c verbal nouns:

an seomra *(the room)*	ag glanadh **an tseomra** *(the cleaning of the room)*
an múinteoir *(the teacher)*	ag cáineadh **an mhúinteora** *(criticizing the teacher)*

d words used to express quantity:

airgead *(money)*	a lán **airgid** *(a lot of money)*
eolas *(information)*	níos mó **eolais** *(more information)*
obair *(work)*	an iomarca **oibre** *(too much work)*
daoine *(people)*	an t-uafás **daoine** *(an awful lot of people)*

e the noun **cuid** (*portion, share*), which is used to refer to an unspecified quantity:

mic *(sons)*	mo chuid **mac** *(my sons)*
leabhair *(books)*	a cuid **leabhar** *(her books)*

The genitive singular with an article

The changes that occur to the beginning of nouns preceded by the article in the genitive singular are given below. Every noun in Irish belongs to one of the categories given.

Note that **na** is the form of the definite article used in the genitive singular feminine and that it prefixes an **h** to following vowels.

	Masculine	Feminine

Nouns which begin with

a a vowel: fadhbanna an athar
(the father's problems) eagarthóir na **h**irise
(the editor of the magazine)

b a consonant: cúraimí an **bh**ainisteora
(the manager's duties) in aice na fuinneoige
(beside the window)

c d, t: in aice an dorais
(beside the door) airgead na deirféar
(the sister's money)

tús an tionscadail
(the beginning of the project) os comhair na tine
(in front of the fire)

d s: teach an **ts**agairt
(the priest's house) trasna na sráide
(across the street)

The article is not always used in the genitive case:
eagarthóir irise *(a magazine editor)*

The genitive singular: word endings

In Ó Dónaill's *Foclóir Gaeilge-Béarla*, the genitive singular ending of each noun appears beside the abbreviation *gs*. This guide below will also help you to form the genitive singular.

Masculine nouns

a A broad consonant at the end of some masculine nouns is made slender:

an t-amhrán *(the song)*   deireadh an amhrá**in** *(the end of the song)*

b **-each** changes to **-igh**, and **-ach** changes to **-aigh**:

an cléireach *(the clerk)*   obair an chléir**igh** *(the work of the clerk)*

an t-earrach *(the spring)*   tús an earr**aigh** *(the beginning of the spring)*

c **-eadh** changes to **-idh**, and **-adh** changes to **-aidh**:

an geimhreadh *(the winter)*   ag deireadh an gheimhr**idh** *(at the end of winter)*

an cogadh *(the war)*   tar éis an chog**aidh** *(after the war)*

d **a** is added to some masculine nouns which end in a broad consonant:

fíon *(wine)*   buideál fíon**a** *(a bottle of wine)*

snámh *(swimming)*   linn snámh**a** *(swimming pool)*

e Nouns which denote occupations and which end in **-ir** are broadened:

fiaclóir *(dentist)*   pá fiacl**óra** *(a dentist's pay)*

an múinteoir *(the teacher)*   ceartúchán an mhúint**eora** *(the teacher's corrections)*

f Nouns which end in **-ín** or in a vowel usually remain unchanged:

an cailín *(the girl)*   cairde an chailín *(the girl's friends)*

an bia *(the food)*   blas an bhia *(the taste of the food)*

Feminine nouns

a e is added to some feminine nouns ending in a slender consonant:

eaglais *(church)*   doras eaglaise *(a church's door)*

an tseachtain *(the week)*   ag deireadh na seachtaine *(at the end of the week)*

b The broad consonant at the end of some feminine nouns is made slender and **e** is added:

an fhuinneog *(the window)*   in aice na fuinneoige *(beside the window)*

c **-each** changes to **-í**, and **-ach** changes to **-aí**:

an bhaintreach *(the widow)*   pinsean na baintrí *(the widow's pension)*

an ghealach *(the moon)*   solas na gealaí *(the light of the moon)*

d a is added to nouns which have more than one syllable and which end in **-eacht, -acht, -íocht,** or **-aíocht**:

an ghluaiseacht *(the movement)*   baill na gluaiseachta *(the members of the movement)*

iarracht *(effort)*   ag déanamh iarrachta *(making an attempt)*

an cháilíocht	ag fáil na cáilíocht**a**
(the qualification)	*(getting the qualification)*
an íocaíocht *(the payment)*	ag lorg na híocaíocht**a** *(looking for the payment)*

e The slender consonant at the end of some feminine nouns which have one syllable is made broad and -**ach** is added:

cáin *(tax)*	foirmeacha cán**ach** *(tax forms)*
traein *(train)*	stáisiún traen**ach** *(train station)*
beoir *(beer)*	pionta beor**ach** *(a pint of beer)*

f The slender consonant at the end of some feminine nouns which have *more than one syllable* is made broad and -**each** or -**ach** is added:

an eochair *(the key)*	poll na heochr**ach** *(the keyhole)*
litir *(letter)*	clúdach litr**each** *(envelope)*

g Some nouns which end in a vowel remain unchanged:

an trá *(the beach)*	bóthar na tr**á** *(the beach road)*
an íomhá *(the image)*	ag forbairt na híomh**á** *(developing the image)*

h **n** is added to some other nouns which end in a vowel:

an chomharsa *(the neighbour)*	teach na comharsa**n** *(the neighbour's house)*
an mhonarcha *(the factory)*	geataí na monarcha**n** *(the gates of the factory)*

The genitive plural

Nouns with a weak plural

The ending of the noun is the same in the genitive plural as it is in the nominative singular:

Nom. sg.	Nom. pl.	Gen. pl.
fear (*man*)	fir (*men*)	fear (*men*)
bróg (*shoe*)	bróga (*shoes*)	bróg (*shoes*)

Bhí a lán fear ansin. (*There were lots of men there.*)
Cheannaigh mé péire bróg inné. (*I bought a pair of shoes yesterday.*)

Nouns with a strong plural

Nouns with a strong plural have the same ending in each case in the plural:

Nom. sg.	Pl.
ceacht (*lesson*)	ceachtanna (*lessons*)
aiste (*essay*)	aistí (*essays*)

When the article is used in the genitive plural, the initial consonant or vowel of the noun is eclipsed:

Nom. sg.	Nom. pl.	Gen. pl.
an fear (*the man*)	na fir (*the men*)	obair na **bhf**ear (*the men's work*)
an bhróg (*the shoe*)	na bróga (*the shoes*)	ag glanadh na **mb**róg (*cleaning the shoes*)

Nom. sg.	Nom. pl.	Gen. pl.
an ceacht (*the lesson*)	na ceachtanna (*the lessons*)	ag déanamh na **gc**eachtanna (*doing the lessons*)
an aiste (*essay*)	na haistí (*essays*)	ag scríobh na **n-aistí** (*writing the essays*)

Insight: Using the dictionary

Ó Dónaill's *Foclóir Gaeilge-Béarla* gives the genitive singular and plural endings of each noun listed. This is the information provided:

clann, *f.* (*gs.* **-ainne,** *npl.* **~a,** *gpl.* ~)

feminine genitive singular   nom. plural genitive plural

In the case of an ending, when a letter is preceded by a straight line (e.g. **-ainne** in the example above) this indicates that the body of the noun changes in the genitive case and shows where this change occurs.

When a letter is preceded by a tilde (~), this shows that that particular letter is added to the noun.

A tilde after the letters *gpl.* indicates that the same form is used in genitive plural as is used in the nominative singular.

So, in the case of the noun **clann** above, we know from looking at the dictionary entry the forms used in the various cases:

Nom. sg.	Gen. sg.	Nom. pl.	Gen. pl.
clann	clainne	clanna	clann

The nominative form instead of the genitive

The nominative form of the noun is sometimes used in Irish where you would expect to find a genitive. To understand this we need to understand the concept of a semantic unit. Look at the three nouns below:

múinteoir (*teacher*) (1) + ceol (*music*) (2) + an ceantar (*the area*) (3)

A. If we are talking about *a teacher of music* (i.e. a music teacher), the semantic unit is (1) and (2) together:

múinteoir ceoil (*teacher of music*)

B. If we are talking about *the music of the area* (i.e. traditional local music), the semantic unit is (2) and (3) together:

ceol an cheantair (*the music of the area*)

• When nouns (1) and (2) form a unit, as in (A) above, both noun (2) and noun (3) will be placed in the genitive:

múinteoir (1) **ceoil** (2) **an cheantair** (3) (*[a teacher of music] of the area*)

• When nouns (2) and (3) form a unit, as in (B) above, we lenite noun (2) and place noun (3) in the genitive. This is known as the nominative instead of the genitive:

múinteoir (1) **cheol** (2) **an cheantair** (3) (*a teacher of [music of the area]*)

Test yourself

A Draw out a grid like the one below. Place each genitive in the list in the appropriate column. Don't forget that the article **na** is used in both the genitive singular feminine and in the genitive plural.

focail na n-amhrán
bun na sráide
doras an chairr
baill na heagraíochta
bean an tsiúinéara
ag moladh an athar

ag seoladh na mbád
ag cur na gceisteanna
trasna na tíre
ag bun na bileoige
daonra na dtíortha
trasna an bhóthair

Genitive singular masculine	Genitive singular feminine	Genitive plural

B Use the information given regarding each noun to put it in the genitive singular. The letters *m.* and *f.* indicate the gender of the noun.

1 **cistin**, *f.* (*gs.* ~e, *pl.* ~eacha)
   ag glanadh na _____ (*cleaning the kitchen*)
2 **ollamh**, *m.* (*gs.* -aimh, *pl.* ollúna)
   oifig an _____ (*the office of the professor*)
3 **oifigeach**, *m.* (*gs. & npl.* -gigh, *gpl.* ~)
   obair an _____ (*the officer's work*)
4 **meánscoil**, *f.* (*gs.* ~e, *pl.* ~eanna)
   daltaí na _____ (*the pupils of the secondary school*)
5 **óráid**, *f.* (*gs.* ~e, *pl.* ~í)
   tar éis na _____ (*after the speech*)

34

6 séipéal, *m.* (*gs. & npl.* -éil, *gpl.* ~)

doras an _____ (*the door of the chapel*)

7 triail, *f.* (*gs.* -alach, *pl.* -alacha)

laethanta na _____ (*the days of the trial*)

8 srón, *f.* (*gs.* -óine, *npl.* ~a, *gpl.* ~)

cruth na _____ (*the shape of the nose*)

9 contae, *m.* (*gs.* ~, *pl.* ~tha)

bailte an _____ (*the towns of the county*)

10 earráid, *f.* (*gs.* ~e, *pl.* ~í)

de bharr na _____ (*because of the error*)

C This time try to put the nouns in the genitive plural. Since the article **na** comes before each noun, the initial consonant or vowel will be eclipsed when possible.

1 cistin, *f.* (*gs.* ~e, *pl.* ~eacha)

ag glanadh na _____ (*cleaning the kitchens*)

2 ollamh, *m.* (*gs.* -aimh, *pl.* **ollúna**)

oifigí na _____ (*the offices of the professors*)

3 oifigeach, *m.* (*gs. & npl.* -gigh, *gpl.* ~)

obair na _____ (*the officers' work*)

4 meánscoil, *f.* (*gs.* ~e, *pl.* ~eanna)

daltaí na _____ (*the pupils of the secondary schools*)

5 óráid, *f.* (*gs* ~e, *pl.* ~í)

tar éis na _____ (*after the speeches*)

6 séipéal, *m.* (*gs. & npl.* -éil, *gpl.* ~)

doirse na _____ (*the doors of the chapels*)

7 triail, *f.* (*gs.* -alach, *pl.* -alacha)

laethanta na _____ (*the days of the trials*)

8 srón, *f.* (*gs.* -óine, *npl.* ~a, *gpl.* ~)

cruth na _____ (*the shape of the noses*)

9 contae, *m.* (*gs.* ~, *pl.* ~tha)

bailte na _____ (*the towns of the counties*)

10 earráid, *f.* (*gs.* ~e, *pl.* ~í)

de bharr na _____ (*because of the errors*)

In context

Read the following passage from a novel and answer the questions that follow. The vocabulary box will help you understand what is going on.

Bhí mac an fheirmeora ina shuí cois na farraige lá amháin i lár an tsamhraidh. Bhí sé ar mhuin na muice agus é ag léamh leabhair agus ag ithe milseán. Bhí buidéal líomanáide aige a cheannaigh sé i lár an bhaile mhóir. Bhí áthas air nach raibh sé sa bhaile ag scubadh na n-urlár, ag glanadh na bhfuinneog nó ag treabhadh na bpáirceanna.

Vocabulary

mac an fheirmeora (*the farmer's son*), cois na farraige (*by the sea*), in lár (*in the middle*), an samhradh (*summer*), ar mhuin na muice (*really happy*), leabhar (*book*), milseán (*sweet*), líomanáid (*lemonade*), an baile mór (*the town*), bhí áthas air (*he was happy*), sa bhaile (*at home*), ag scuabadh (*brushing*), urlár (*floor*), ag glanadh (*cleaning*), fuinneog (*window*), ag treabhadh (*ploughing*), páirceanna (*fields*).

---

1. Find examples of masculine words in the genitive singular.
2. Find examples of feminine words in the genitive singular.
3. Find examples of words in the genitive plural.

4

Adjectives 1

In this unit you will learn about
- *Agreement between adjectives and nouns*
- *Predicative adjectives vs. attributive adjectives*
- *Plurals*
- *Adjectives which become syncopated*
- *Lenition in the plural*
- *The comparative and superlative forms*

Agreement between adjectives and nouns

Adjectives are words used to describe nouns or pronouns, or to give more information about them. In Irish, they generally follow the noun and agree with it in gender, number and case.

Singular	Plural
lá deas (*a nice day*)	laethanta deasa (*nice days*)
duine suimiúil (*an interesting person*)	daoine suimiúla (*interesting people*)

Adjectives are lenited when they qualify nouns that are feminine, singular and in the nominative, accusative, dative and vocative cases. They are not, however, lenited in the genitive.

nominative/ accusative	an mháthair **ch**airdiúil (*the friendly mother*)
genitive	mac na máthar cairdiúla (*the son of the friendly mother*)
dative	leis an máthair **ch**airdiúil (*with the friendly mother*)
vocative	a mháthair **ch**airdiúil! (*friendly mother!*)

Adjectives are also lenited when they qualify nouns that are masculine, singular and in the genitive and vocative cases.

nominative/ accusative	an fear cairdiúil (*the friendly man*)
genitive	mac an fhir **ch**airdiúil (*the son of the friendly man*)
dative	leis an bhfear cairdiúil
vocative	a fhir **ch**airdiúil! (*friendly man!*)

An adjective qualifying a masculine noun in the dative case can also be lenited in Ulster Irish:

> don lá fada

or

> don lá **fh**ada (*for the long day*)

Predicative adjectives vs. attributive adjectives

A predicative adjective qualifies a noun or pronoun indirectly and requires a verb to connect it to the noun or pronoun.

Is **breá** an fear é.	(*He's a fine man.*)
Tá sí **tuirseach** anois.	(*She's tired now.*)

It is important to remember that adjectives used predicatively do not, for the most part, inflect to match the gender or number of a noun.

An attributive adjective qualifies the noun directly and is inflected to match the gender, number and case of the noun.:

Is bean **dheas** í.	(*She's a nice woman.*)
Channaigh mé an geansaí **glas** sin.	(*I bought that green sweater.*)

Plurals

To form the plural of adjectives an **a** is added to adjectives which end in a broad consonant in the singular:

deas (*nice*)	laethanta deas**a** (*nice days*)
mór (*big*)	fadhbanna mór**a** (*big problems*)

An **e** is added to adjectives which end in a slender consonant in the singular:

binn (*sweet*)	guthanna binn**e** (*sweet voices*)
cruinn (*accurate*)	abairtí cruinn**e** (*accurate sentences*)

The ending in **-úil** in the singular changes to **-úla** in the plural:

suimiúil (*interesting*)	scannáin shuimi**úla** (*interesting films*)

The ending in **-air** in the singular changes to **-ra** in the plural:

deacair (*difficult*)	blianta deac**ra** (*difficult years*)

Adjectives with a final vowel remain unchanged (with two exceptions: **te** (*hot*) and **breá** (*fine*)):

buí (*yellow*)	doirse buí (*yellow doors*)
cliste (*clever*)	daoine cliste (*clever people*)
but	
te (*hot*)	laethanta teo (*hot days*)
breá (*fine*)	daoine breátha (*fine people*)

Strong- and weak-plural nouns

An adjective qualifying a strong-plural noun has the same form for all the cases in the plural:

> **nominative/accusative plural:** na ceisteanna **suimiúla**
> (*the interesting questions*)
> **genitive plural:** ag cur na gceisteanna **suimiúla** (*asking the interesting questions*)
> **dative plural:** ag caint faoi na ceisteanna **suimiúla** (*talking about the interesting questions*)

An adjective qualifying a weak-plural noun has the same form for all the cases in the plural except the genitive, which has the same form as the nominative/accusative singular.

> **nominative/accusative plural:** na fir **shuimiúla**
> (*the interesting men*)
> **genitive plural:** ag moladh na bhfear **suimiúil** (*praising the interesting men*)
> **dative plural:** do na fir **shuimiúla** (*for the interesting men*)

The initial consonant of an adjective is not lenited in the genitive plural, even if it qualifies a feminine noun:

> ag plé na gceisteanna **casta** (*discussing the complicated questions*)
> ag moladh na mban **cliste** (*praising the clever women*)

Insight

If you are not sure whether a noun has a weak or a strong plural, have a look in Ó Dónaill's *Foclóir Gaeilge-Béarla*. In the case of nouns that have a weak plural, both npl. (nominative plural) and gpl. (genitive plural) are mentioned. In the case of nouns with a strong plural, however, only pl. (plural) is mentioned.

Adjectives which become syncopated

Some adjectives lose a vowel or two in the plural:

Singular	Plural
aoibhinn (*delightful*)	aoibhne
bodhar (*deaf*)	bodhra
daingean (*solid, strong*)	daingne
deacair (*difficult*)	deacra
domhain (*deep*)	doimhne
folamh (*empty*)	folmha
íseal (*low*)	ísle
láidir (*strong*)	láidre
milis (*sweet*)	milse
ramhar (*fat*)	ramhra
righin (*stubborn*)	righne
saibhir (*rich*)	saibhre
sleamhain (*slippery*)	sleamhna
socair (*still*)	socra
uasal (*noble*)	uaisle
umhal (*humble*)	umhla

Lenition in the plural

When an adjective qualifies a noun in the nominative singular in Irish, the gender of that noun is important. As we have seen, an adjective is lenited when it qualifies a feminine noun but is unchanged when it qualifies a masculine noun. In the nominative plural, however, gender is of no importance.

Masculine nouns + adjective	*Feminine nouns + adjective*
buachaillí deasa (*nice boys*)	banaltraí deasa (*nice nurses*)
scrúduithe deacra (*difficult exams*)	ceisteanna deacra (*difficult questions*)

However, when an adjective beginning with a consonant qualifies a noun that ends in a slender consonant (i.e. a consonant preceded by an **i**), that initial consonant of the adjective is lenited.

Nouns ending in a slender consonant	Nouns ending in a vowel or broad consonant
amhrá**in dh**easa (*nice songs*)	páistí dána (*bold children*)
amadá**in mh**óra (*big fools*)	ballaí arda (*high walls*)
teaghla**igh bh**eaga (*small families*)	obair na mban Francach (*the work of the French women*)

The comparative and superlative forms

This is how you express **as...as** in Irish:

> Tá Mícheál chomh sean le Caoimhín. (*Mícheál is as old as Caoimhín.*)
> Tá mise chomh haclaí céanna leatsa. (*I'm just as fit as you are.*)
> Níl mise chomh cliste le Seán. (*I'm not as clever as Seán/I'm less clever than Seán.*)

An **h** is placed before vowels that follow **chomh**. Consonants that follow **chomh** remain unchanged.

> deas (*nice*)
>
> Tá Mícheál níos deise ná Máirín. (*Mícheál is nicer than Máirín.*)
> Is í Caitríona an duine is deise sa chlann sin. (*Caitríona is the nicest person in that family.*)

After **níos** and **is**:		
most adjectives ending in a vowel remain unchanged	buí (*yellow*)	níos/is buí (*more/most yellow*)

	Exceptions:	
	breá (*fine*)	níos/is breátha (*finer/finest*)
	te (*hot*)	níos/is teo (*hotter/hottest*)
	fada (*long*)	níos/is faide (*longer/longest*)
many adjectives are slenderized if necessary and an **e** is added to them	daor (*dear*) ciúin (*quiet*)	níos/is daoire (*dearer/dearest*) níos/is ciúine (*quieter/quietest*)
-úil changes to **-úla**:	suimiúil (*interesting*)	níos/is suimiúla (*more/most interesting*)
-each changes to **-í**:	aisteach (*strange*)	níos/is aistí (*stranger/strangest*)
-ach changes to **-aí**:	tábhachtach (*important*)	níos/is tábhachtaí (*more/most important*)
-air changes to **-ra**:	deacair (*difficult*)	níos/is deacra (*more/most difficult*)

The comparative form is preceded by **níos** and the superlative form by **is**. The adjective has the same form in both.

> Is mise an duine is óige. (*I'm the youngest.*)
> Is tusa an dalta is cliste. (*You're the cleverest pupil.*)
> Is é Liam an duine is sine. (*Liam is the eldest.*)
> Is ise an bhean is fearr liom. (*She's the woman I like most.*)
> Is í Paula an bhean is ciúine sa chlann. (*Paula is the quietest woman in the family.*)

The copula **is** is used with the superlative forms:

> Is sibhse an bheirt is fearr liom. (*You are the two people I like best.*)
> Is iadsan an triúr is sine. (*They are the three eldest.*)
> Is iad Dónall agus Máirtín an bheirt is óige. (*Dónall and Máirtín are the youngest.*)

Here are some commonly used comparatives and superlatives, some of which are irregular:

álainn (*beautiful*)	**níos/is áille** (*more/most beautiful*)
bán (*white*)	**níos/is báine** (*whiter/whitest*)
beag (*small*)	**níos/is lú** (*smaller/smallest*)
breá (*fine*)	**níos/is breátha** (*finer/finest*)
deacair (*difficult*)	**níos/is deacra** (*more difficult/most difficult*)
dian (*intense*)	**níos/is déine** (*more intense/most intense*)
dubh (*black*)	**níos/is duibhe** (*blacker/blackest*)
éasca (*easy*)	**níos/is éasca** (*easier/easiest*)
fliuch (*wet*)	**níos/is fliche** (*wetter/wettest*)
furasta (*easy*)	**níos/is fusa** (*easier/easiest*)
maith (*good*)	**níos/is fearr** (*better/best*)
gearr (*short*)	**níos/is giorra** (*shorter/shortest*)
leathan (*wide*)	**níos/is leithne** (*wider/widest*)
mór (*big*)	**níos/is mó** (*bigger/biggest*)
óg (*young*)	**níos/is óige** (*younger/youngest*)
olc (*bad*)	**níos/is measa** (*worse/worst*)
ramhar (*fat*)	**níos/is raimhre** (*fatter/fattest*)
saibhir (*rich*)	**níos/is saibhre** (*richer/richest*)
sean (*old*)	**níos/is sine** (*older/oldest*)
tanaí (*thin*)	**níos/is tanaí** (*thinner/thinnest*)
te (*hot*)	**níos/is teo** (*hotter/hottest*)

The form **níos** is used when the comparison is for present or future time. **Níos** can also be used in the case of comparisons that are past or conditional. In addition to these forms, the past and the conditional can have their own forms:

níb before vowels or **fh** + vowel
ní ba before consonants (causes lenition)

D'éirigh **níb** fhearr liomsa ar scoil.

or

D'éirigh **níos** fearr liomsa ar scoil. (*I got on better at school.*)

Mheas mé go raibh an cheist sin **ní ba** dheacra.

or

Mheas mé go raibh an cheist sin níos deacra. (*I thought that that question was more difficult.*)

Test yourself

A Lenite the adjectives below if necessary. The letter *f.* indicates that the preceding noun is feminine.

1 oíche (*f.*) + deas (*a nice night*)
2 bean (*f.*) + dathúil (*a good-looking woman*)
3 fear + dathúil (*a good-looking man*)
4 bia + blasta (*tasty food*)
5 an bhialann (*f.*) + Francach (*the French restaurant*)
6 cúrsa + fada (*a long course*)
7 an deirfiúr (*f.*) + ciallmhar (*the sensible sister*)
8 sráidbhaile + beag (*a small village*)
9 sráid (*f.*) + fada (*a long street*)
10 scrúdú + deacair (*a difficult exam*)

B Place the adjectives in the parentheses in the plural so that they agree with the nouns preceding them.

1 laethanta (te) (*warm days*)
2 daoine (láidir) (*strong people*)
3 crainn (mór, ard) (*big, tall trees*)
4 amhráin (fada, suimiúil) (*long, interesting songs*)
5 ballaí (daingean) (*strong walls*)
6 ceist (casta, deacair) (*difficult, complicated questions*)
7 mná (breá) (*fine women*)
8 fir (breá) (*fine men*)
9 pócaí (folamh) (*empty pockets*)
10 teaghlaigh (mór) (*big families*)

C Translate these sentences to Irish. Use **tá** in numbers 2 and 4 and the copula **is** in the rest of the sentences.

1 You're (plural) the three eldest in the family.
2 I'm as old as Deirdre.
3 Maria is the youngest girl (*cailín*) in the family.
4 Pádraig is more clever than Darren.
5 He's the most clever person.
6 She's the nicest person in the family.
7 I'm the eldest.
8 Mairéad and Ciarán are the eldest (use *beirt*).

In context

Read Máire's description of her classmates and answer the questions that follow. The vocabulary box will help you understand what is going on.

Is í Úna an ghirseach is óige sa rang. Is girseach chiúin shoineanta í. Tá gruaig fhionn uirthi agus tá dath gorm ar a cuid súl.

Is é Seán an duine is airde sa rang. Is gasúr cainteach feargach é agus níl sé ar an duine is dícheallaí. Is é an peileadóir is fearr sa scoil é.

Is í Caoimhe an duine is sine sa rang. Is cailín ard agus tanaí í. Tá sí spóirtiúil ach tá sí cliste fosta. Is í an Gaeilgeoir is measa í.

Is iad Pól agus Peadar na daoine is falsa sa rang. Is daoine lácha cairdiúla iad ach is beag leo an obair. Tá Pól níos sine ná Peadar ach tá Peadar níos mó.

Vocabulary

girseach (*girl*), is óige (*youngest*), rang (*class*), ciúin (*quiet*),
soineanta (*innocent*), gruaig (*hair*), dath (*colour*), gorm (*blue*),
a cúd súl (*her eyes*), is airde (*tallest*), gasúr (*boy*), cainteach
(*talkative*), feargach (*angry*), is dícheallaí (*most diligent*),
peileadóir (*footballer*), is fearr (*best*), is sine (*oldest*), ard (*tall*),
tanaí (*skinny*), spóirtiúil (*sporty*), cliste (*smart*), Gaeilgeoir (*Irish
speaker*), is measa (*worst*), is falsa (*laziest*), lách (*pleasant*),
cairdiúil (*friendly*), is beag leo (*they hate*), obair (*work*), níos mó
(*bigger*).

1. Find examples of **an attributive adjective governed by a masculine noun.**
2. Find examples of **an attributive adjective governed by a feminine noun.**
3. Find examples of **a predicative adjective.**
4. Find examples of **the comparative and superlative forms of an adjective.**
5. Find examples of **an attributive adjective in the plural.**

5

Adjectives 2

In this unit you will learn about
- *Adjectives which come before the noun*
- *An-* (very) **and** *ró-* (too)
- *Possessive adjectives*
- *Emphatic suffixes*

Adjectives which come before the noun

As we have seen, in Irish most adjectives follow the noun. **Sean-** (*old*) and **droch-** (*bad, poor, evil*) are exceptions, however, as they precede the noun. Vowels that follow them remain unchanged, but most consonants are lenited.

Vowels	Consonants
seanollscoil (*an old university*)	sean**fh**ear (*an old man*)
drochíde (*bad treatment*)	droch**dh**uine (*a bad person*)

In Irish, when two words are joined together, the second one is lenited if it begins with a consonant:

cóta (*a coat*)	sean**ch**óta (*an old coat*)
mála (*a bag*)	sean**mh**ála (*an old bag*)

However, if the letters **d, n, t, l** or **s** come together at the end of the first word and the beginning of the second, there is no lenition:

duine (*a person*)   seanduine (*an old person*)
teach (*a house*)   seanteach (*an old house*)

An- (very) and ró- (too)

Adjectives beginning with a consonant are lenited when they follow **an-** (*very*) but vowels are unaffected:

an-**bh**eag (*very small*)
an-**fh**ada (*very long*)
an-ard (*very tall*)

Note, however, that the consonants **d**, **s** and **t** remain unchanged after **an-**:

an-deas (*very nice*)
an-te (*very hot*)

Note that a hyphen is always used with **an-** (*very*).

Ró- (*too*) lenites consonants (except **l**, **n** and **r**):

ró**dh**eas (*too nice*)
ró**mh**ór (*too big*)

but

róláidir (*too strong*)

A hyphen is always placed between **ró-** and a vowel:

ró-éasca (*too easy*)
ró-álainn (*too beautiful*)

Possessive adjectives

A possessive adjective is used with a noun to indicate possession, ownership or close relationship. Here are the various forms in Irish:

1st per. sing.	**Before consonants**	
	mo (*my*) + lenition	mo **dh**eartháir (*my brother*)
	Before vowels and fh- + vowel	
	m' (*my*)	**m'**uncail (*my uncle*)
2nd per. sing.	**Before consonants**	
	do (*your*) + lenition	do **dh**eartháir (*your brother*)
	Before vowels and fh- + vowel	
	d' (*your*)	**d'**uncail (*your uncle*)
3rd per. sing.	**Before consonants**	
	a (*his*) + lenition	a **dh**eartháir (*his brother*)
	a (*her*)	a deartháir (*her brother*)
	Before vowels and f- + vowel	
	a (*his*)	a uncail (*his uncle*)
	a (*her*)	a **h**uncail (*her uncle*)
1st per. pl.	**Before consonants**	
	ár (*our*) + eclipsis	ár **nd**eartháir (*our brother*)
	Before vowels and f- + vowel	
	+ ár (*our*) + eclipsis	ár **n**-uncail (*our uncle*)
2nd per. pl.	**Before consonants**	
	bhur (*your*) + eclipsis	bhur **nd**eartháir (*your brother*)

(Contd)

	Before vowels and f- + vowel	
	+ bhur (*your*) + eclipsis	bhur **n**-uncail (*your uncle*)
3rd per. pl.	**Before consonants**	
	a (*their*) + eclipsis	a **nd**eartháir (*their brother*)
	Before vowels and f + vowel	
	+ a (*their*) + eclipsis	a **n**-uncail (*their uncle*)

Emphatic forms

In Irish, unlike English, the possessive pronouns cannot be stressed during speech – emphatic suffixes must be used instead.

Tá *mo dheartháir sa bhaile freisin. (* = incorrect)

Tá mo dheartháirse sa bhaile freisin. (correct) (<u>My</u> brother is at home as well.)

1st per. sing.	**Used after a slender consonant**	
	mo (*my*) + -se	mo dheartháir**se** (<u>my</u> brother)
	Used after a broad consonant	
	+ -sa	mo theach**sa** (<u>my</u> house)
2nd per. sing.	**Used after a slender consonant**	
	do (*your*) + -se	d'athair**se** (<u>your</u> father)
	Used after a broad consonant	
	+ -sa	do bhean**sa** (<u>your</u> woman/wife)

3rd per. sing.	Used after a slender consonant	
	a (*his*) + -sean	a dhearthái**rsean** (*his* brother)
	a (*her*) + -se	a deartháir**se** (*her* brother)
	Used after a broad consonant	
	+ -san	a phost**san** (*his* job)
	+ -sa	a post**sa** (*her* job)
1st per. pl.	**Used after a slender consonant**	
	ár (*our*) + -ne	ár ndeartháir**ne** (*our* brother)
	Used after a broad consonant	
	+ -na	ár n-óstán-**na** (*our* hotel)
2nd per. pl.	**Used after a slender consonant**	
	bhur (*your*) + -se	bhur n-athair**se** (*your* father)
	Used after a broad consonant	
	+ -sa	bhur n-ábhar**sa** (*your* subject)
3rd per. pl.	**Used after a slender consonant**	
	a (*their*) + -sean	a ndeartháir**sean** (*their* brother)
	Used after a broad consonant	
	+ -san	n-ábhar**san** (*their* subject)

The forms below are also commonly used in everyday speech:

an dearthair s'agamsa (*my* brother)
an dearthair s'agatsa (*your* brother)
an dearthair s'aigesean (*his* brother)
an dearthair s'aicise (*her* brother)

an deartháir s'againne (*our* brother)
an deartháir s'agaibhse (*your* brother)
an deartháir s'acusan (*their* brother)

Test yourself

A Place **sean-** and **droch-** before each of these adjectives and change them if necessary.

1 bean (*a woman*)
2 uaireadóir (*a watch*)
3 duine (*a person*)
4 amhrán (*a song*)
5 tiománaí (*a driver*)

6 pictiúr (*a picture*)
7 coláiste (*a college*)
8 fadhb (*a problem*)
9 carr (*a car*)
10 óstán (*a hotel*)

B Place **an-** and **ró-** before each of these adjectives.

1 bocht (*poor*)
2 deacair (*difficult*)
3 geal (*bright*)
4 ard (*tall, high*)
5 fliuch (*wet*)
6 te (*hot, warm*)
7 íseal (*low*)
8 saibhir (*rich*)

9 uasal (*noble*)
10 domhain (*deep*)
11 milis (*sweet*)
12 bodhar (*deaf*)
13 éasca (*easy*)
14 tirim (*dry*)
15 sleamhain (*slippery*)

C Translate each possessive adjective and noun below to Irish. The italics indicate emphasis.

1 your (sing.) brother
2 your (pl.) brother
3 their son
4 their uncle
5 my job

6 my job
7 his uncle
8 her uncle
9 his uncle
10 her uncle

In context

Read the following conversation and answer the questions that follow. The vocabulary box will help you understand what is going on.

Máire: Tá sé an-fhuar agus an-dorcha inniu, nach bhfuil?

Caoimhe: Tá sé rófhuar le dul amach. Sílim go bhfanfaidh mé i mo theachsa agus go n-imreoidh mé cluiche le mo dheartháir.

Máire: Tá mo mháthair ag dul ag siopadóireacht ach tá mise rólag. Sílim go bhfanfaidh mé i mo luí agus go ligfidh mé mo scíth má bhíonn mo dheartháirse ciúin.

Vocabulary

fuar (*cold*), dorcha (*dark*), dul (*go*), amach (*out*), fan (*wait*), imir (*play*), cluiche (*game*), deartháir (*brother*), máthair (*mother*), siopadóireacht (*shopping*), lag (*weak*), fan (*stay, remain*), lig mo scíth (*relax*), ciúin (*quiet*).

---

1. Find examples of **an-** in the passage. Can you explain why one of them is lenited while the other is not?
2. Find examples of **ró-** in the passage. Can you explain why one of them is lenited while the other is not?
3. Pick out examples of the possessive adjective in the passage.
4. Pick out examples of emphatic suffixes in the passage.

6

Prepositions

In this unit you will learn about
- *Simple prepositions*
- *Simple prepositions before consonants*
- *Simple prepositions before vowels*
- *Simple prepositions + the definite article*
- *Nouns with an initial s*
- *The simple prepositions in the plural*
- *Compound prepositions*

Simple prepositions

Insight

A simple preposition is a word which comes before a noun and indicates a relationship between that noun and some other element (another noun, a verb or an adverb) in the sentence or clause.

The following are the simple prepositions in Irish:

ag (*at*)
ar (*on, in, at*)
as (*from, out of*)
chuig (*to*)
de (*off, of, from*)

do (*to, for*)
faoi (*under, about*)
gan (*without*)
go (*to, until*)
i (*in*)
idir (*between*)
le (*with, by*)
mar (*as, for*)
ó (*from*)
roimh (*before*)
seachas (*besides, other than, rather than, compared to*)
thar (*over*)
trí (*through, among*)
um (*about, at*)

Simple prepositions before consonants

The list below shows which simple prepositions lenite or eclipse
the initial consonant of nouns that directly follow them. (Note that
we are focusing at the moment on nouns *not* preceded by a definite
article.)

de, do, faoi, mar, ó, roimh, trí, um

Nouns with the initial consonants **b, c, d, f, g, m, p, s** and **t** that
follow them are lenited.

- ▶ Fuair mé grianghraf de **Sh**íle sa bhosca. (*I found a photo of
  Síle in the box.*)
- ▶ Thug mé an t-airgead do **Mh**ícheál. (*I gave the money to
  Mícheál.*)
- ▶ D'inis sé scéal dom faoi **th**aibhsí. (*He told me a story about
  ghosts.*)
- ▶ Bhí sí ag obair ansin mar **fh**reastalaí. (*She was working there
  as a waitress.*)

▶ Feicfidh mé roimh **dh**eireadh na seachtaine thú. (*I'll see you before the end of the week.*)
▶ Feicfidh mé tú um C**h**áisc. (*I'll see you at Easter.*)

ag, as, chuig, go, go dtí, le, seachas

Nouns that follow them are <u>not</u> lenited.

▶ Bhí an t-airgead ag **f**ear an phoist. (*The postman had the money.*)
▶ As Maigh Eo ó dhúchas mé. (*I'm originally from Mayo.*)
▶ Chuir mé an bille chuig Séamas. (*I sent the bill to Séamas.*)
▶ Rachaidh mé leat go Corcaigh amárach. (*I'll go with you to Cork tomorrow.*)
▶ Abair le Máirín go raibh mé ag cur a tuairisce. (*Tell Máirín I was asking about her.*)
▶ Bhí siad ar fad ansin seachas Dónall. (*They were all there apart from Dónall.*)

ar[1], gan[2], idir[3]

Nouns that follow them are lenited in certain cases.

Lenited
▶ D'iarr mé síob ar **th**uismitheoirí Bhríd. (*I asked Bríd's parents for a lift.*)
▶ Bhí idir **ch**ailíní agus **bh**uachaillí i láthair. (*There were both girls and boys there.*)
▶ Sin leabhar gan **mh**aith. (*That's a useless book.*)

Not lenited
▶ Bhí siad ar **m**eisce aréir. (*They were drunk last night.*)
▶ Stop mé idir Doire agus Muineachán. (*I stopped between Derry and Monaghan.*)
▶ D'fhág sé mé gan **p**á ar bith. (*He left me with no pay.*)

Nouns with the initial consonants **b, c, d, f, g, p** and **t** are eclipsed after it.

- ▶ Tá cónaí uirthi i **g**Corcaigh anois. (*She lives in Cork now.*)
- ▶ Chaith sé trí oíche i **m**Baile Átha Cliath. (*He spent three nights in Dublin.*)

Note 1: Nouns which follow **ar** are lenited when a particular situation or fixed location is being referred to:

D'iarr mé iasacht ar **Sh**iobhán. (*I asked Siobhán for a loan.*)
Bhí sé thuas ar **bh**arr an tí. (*He was up on top of the house.*)

Nouns which follow **ar** are not lenited:

- ▶ when a *general location* is being referred to: ar **mu**ir (*at sea*), ar **bor**d (*on board*)
- ▶ when a *state or condition* is being referred to: ar **bu**ile (*angry*), ar **me**isce (*drunk*), ar **c**rith (*shaking*)
- ▶ when *time* is being referred to: ar **ba**ll (*later*), ar **m**aidin (*in the morning*)

Note 2: The initial consonant of a noun is lenited following **gan**, unless the consonant is **t, d, f** or **s**:

gan **ch**ead (*without permission*)
gan **mh**úineadh (*without manners*)
but
gan **s**os (*without a break*)
gan **t**aithí (*without experience*)

There is no lenition, however, if **gan** is followed by a subordinate clause, an adjective or a proper noun:

gan **c**orraí as an teach (*without leaving the house*)
gan **p**ost ceart (*without a proper job*)
gan **S**iobhán (*without Siobhán*)

Note 3: Consonants are lenited following **idir** when it means *among* or *both* or when there is a list:

> Bhí idir mhúinteoirí agus thuismitheoirí ag an gcruinniú.
> (*There were both teachers and parents at the meeting.*)

Consonants are not lenited after **idir** when space or time are being referred to:

> idir **B**aile Átha Cliath agus **C**orcaigh (*between Dublin and Cork*)
> idir **me**án oíche agus **me**ánlae (*between midnight and midday*)

Simple prepositions before vowels

go, le

An **h** is prefixed to nouns with an initial vowel which follow them.

- ▶ Chuaigh sí go **h**Aontroim don deireadh seachtaine. (*She went to Antrim for the weekend.*)
- ▶ Bhuail mé le **h**Anna ar an tsráid inné. (*I met Anna on the street yesterday.*)

ag, ar, as, chuig, faoi, gan, idir, in, mar, ó, roimh, trí, um

Nouns with an initial vowel which follow them remain unchanged.

- ▶ Ghlaoigh mé ar úinéir an árasáin. (*I called the owner of the apartment.*)
- ▶ Ná gabh ansin gan airgead. (*Don't go there without money.*)
- ▶ Stop mé uair amháin idir Eochaill agus Áth Luain. (*I stopped once between Youghal and Athlone.*)
- ▶ Tá sí ina cónaí in Éirinn le fiche bliain anois. (*She has been living in Ireland for twenty years now.*)

de, do

These prepositions lose their vowel when they precede a noun with an initial vowel or **fh** + vowel:

- ▶ Thug sí grianghraf **d'An**na dom. (*She gave me a photograph of Anna.*)
- ▶ Thug sí cupán tae **d'fh**ear an phoist. (*She gave the postman a cup of tea.*)
- ▶ Tabhair an t-airgead **d'**Éamonn. (*Give the money to Éamonn.*)

Simple prepositions + the definite article

Most simple prepositions remain unchanged before the definite article:

ag an, ar an, as an, chuig an, leis an, roimh an, thar an, tríd an, um an

The exceptions are **i, de, do, ó,** and **faoi**. These join up with the article to create **sa(n), den, don, ón** and **faoin**.

Group 1

ag an, ar an, as an, chuig an, faoin, leis an, ón, roimh an, thar an, tríd an

The consonants **b, c, f, g, p** are eclipsed.

- ▶ ag an **m**bus (*at the bus*)
- ▶ ar an **g**cathaoir (*on the chair*)
- ▶ as an **b**Portaingéil (*from Portugal*)
- ▶ chuig an **n**garda (*to the guard*)
- ▶ faoin **bh**fuinneog (*under the window*)
- ▶ leis an **n**gaoth (*with the wind*)
- ▶ ón **bh**freastalaí (*from the waiter*)

- ▶ roimh an **g**Cáisc (*before Easter*)
- ▶ thar an **m**balla (*over the wall*)
- ▶ tríd an **b**páirc (*through the field*)

The consonants **d, l, m, n, r, s, t** remain unchanged.

- ▶ ag an **d**ochtúir (*at the doctor*)
- ▶ ar an **l**ong (*on the ship*)
- ▶ as an **t**úr (*from the tower*)
- ▶ chuig an **m**áthair (*to the mother*)
- ▶ faoin **t**oghchán (*about the election*)
- ▶ leis an **s**agart (*with the priest*)
- ▶ ón **t**ógálaí (*from the builder*)
- ▶ roimh an **M**áirt (*before Tuesday*)
- ▶ thar an **t**each (*over the house*)
- ▶ tríd an **l**eabhar (*through the book*)

Vowels remain unchanged.

- ▶ ag an **ó**stán (*at the hotel*)
- ▶ ar an **e**aglais (*on the church*)
- ▶ as an **E**oraip (*from Europe*)
- ▶ chuig an **u**rlabhraí (*to the spokesperson*)
- ▶ faoin **i**nneall (*under the engine*)
- ▶ leis an **ú**inéir (*with the owner*)
- ▶ ón **a**iste (*from the essay*)
- ▶ roimh an **A**oine (*before Friday*)
- ▶ thar an **u**isce (*over the water*)
- ▶ tríd an **o**llscoil (*through the university*)

Note: In Ulster Irish, consonants are lenited instead of being eclipsed:

   ag an **bh**us (*at the bus*)
   ar an **ch**athaoir (*on the chair*)

Group 2

den, don, sa (used before consonants only), **san** (used before vowels and **fh** + vowel):

The consonants **b, c, f, g, m, p** are lenited.

- ▶ den **mhí** (*of the month*)
- ▶ don **bhainisteoir** (*to the manager*)
- ▶ sa **ghairdín** (*in the garden*)
- ▶ san **fhuinneog** (*in the window*)

The consonants **d, l, n, r, t** remain unchanged.

- ▶ den téarma (*of the term*)
- ▶ don rúnaí (*to the secretary*)
- ▶ sa leabharlann (*in the library*)

Vowels remain unchanged.

- ▶ den úll (*of the apple*)
- ▶ don aiste (*for the essay*)
- ▶ san óstán (*in the hotel*)

Nouns with an initial *s*

After a preposition and article, a **t** is placed before feminine nouns with an initial **s** + vowel, or **sl, sn, sr,** while masculine nouns are left unchanged:

Masculine	Feminine
ar an seanfhear (*on the old man*)	ar an **t**seanbhean (*on the old woman*)
leis an slaghdán (*with the cold*)	leis an **t**slat (*with the rod*)
don sneachta (*for the snow*)	don **t**snáthaid (*for the needle*)
roimh an samhradh (*before summer*)	roimh an **t**sochraid (*before the funeral*)
sa siopa (*in the shop*)	sa **t**Seapáin (*in Japan*)

In everyday speech, and especially in Ulster Irish, many speakers also place a **t** before masculine nouns beginning with an initial **s** + vowel, or **sl**, **sn**, **sr**. When writing in Irish, however, it is best to follow the above rule.

The simple prepositions in the plural

Nearly all the simple prepositions remain unchanged with the plural article:

ag na, ar na, as na, chuig na, de na, do na, faoi na, ó na, roimh na, thar na, trí na, um na

The exceptions are **i** and **le**. These become **sna** and **leis na** when combined with the plural article.

Simple preposition + *na*

Nouns with an initial consonant remain unchanged

- ▶ chuig na **bainisteoirí** (*to the managers*)
- ▶ leis na **fir** (*with the men*)

An **h** is placed before nouns with an initial vowel.

- ▶ ag na **haerfoirt** (*at the airports*)
- ▶ leis na **hoifigigh** (*with the officers*)

Compound prepositions

A compound preposition consists of two words: a simple preposition and a noun. When a noun is the object of a compound preposition, it is placed in the genitive case.

an teach (*the house*) **ar chúl an tí** (*behind the house*)
tinneas (*illness*) **de bharr tinnis** (*because of illness*)

When another word, such as a possessive adjective, comes between the compound preposition and the noun which is its object, that noun is still in the genitive:

mo dhoras (*my door*) **in aice mo dhorais** (*beside my door*)
do dhinnéar (*your dinner*) **le haghaidh do dhinnéir** (*for your dinner*)

Test yourself

A Change the words in parentheses if necessary.

1 Bíonn sí ag obair go minic idir (meán lae) agus meán oíche. (*She often works between midday and midnight.*)
2 As (Béal Feirste) ó dhúchas é ach tá sé ina chónaí i (Baile Átha Cliath) anois. (*He's originally from Belfast but he lives in Dublin now.*)
3 Ar mhiste leat na litreacha seo a thabhairt (do) (Mícheál) agus (do) (Eoin), le do thoil? (*Would you mind giving these letters to Mícheál and to Eoin, please?*)
4 Bhí sé ar (deargmheisce) agus bhí ar (Bríd) é a fhágáil sa bhaile. (*He was very drunk and Bríd had to leave him at home.*)
5 Bhí idir (Francaigh) agus (Gearmánaigh) ag obair liom. (*There were both French and Germans working with me.*)
6 Bím gnóthach go maith ó (Samhain) go (Aibreán). (*I'm always busy from November to April.*)
7 Beidh mé ar ais roimh (deireadh) na seachtaine. (*I'll be back before the end of the week.*)
8 Fuair siad carr ar (cíos) ar feadh seachtaine. (*They rented a car for a week.*)
9 Chuir mé an litir chuig (Siobhán). (*I sent the letter to Siobhán.*)
10 Tá mé féin agus Julie ag dul go (Glaschú) ag deireadh na míosa. (*Julie and I are going to Glasgow at the end of the month.*)

B Place each of these nouns after the preposition and the article and change the noun if necessary.

1	an t-airgead (*the money*)	leis an ...
2	an t-árasán (*the apartment*)	san ...
3	an sagart (*the priest*)	don ...
4	an mheánscoil (*the secondary school*)	ar an ...
5	t-oifigeach (*the officer*)	chuig an ...
6	an chéad bhliain (*the first year*)	faoin ...
7	an t-iriseoir (*the journalist*)	don ...
8	an dráma (*the play*)	ón ...
9	an téarma (*the term*)	roimh an ...
10	an aiste (*the essay*)	leis an ...
11	an fhuinneog (*the window*)	san ...
12	an tsúil (*the eye*)	sa ...
13	an bóthar (*the road*)	ar an ...
14	an talamh (*the land*)	ar an ...
15	an deartháir (*the brother*)	don ...
16	an bhean (*the woman*)	chuig an ...
17	an t-uisce (*the water*)	ón ...
18	an ollscoil (*the university*)	ar an ...
19	an bosca (*the box*)	faoin ...
20	an samhradh (*the summer*)	roimh an ...

In context

Read the following information given about the location of a hidden treasure and answer the questions that follow. The vocabulary box will help you understand what is going on.

Tá a bhfuil de thaisce ag an bhfoghlaí mara ar iarraidh agus tá sé ar mire. Chaill sé é áit éigin idir Éirinn agus Albain. Níl sé san fharraige agus d'amharc sé timpeall na loinge agus níl sé ar bord. Tá treoracha aige agus bainfidh sé úsáid as compás ach caithfidh sé é a dhéanamh gan cuidiú ar bith. Rachaidh sé ó dheas agus le cuidiú Dé aimseoidh sé é roimh mhaidin.

1. Find in the passage examples of prepositions (without an article) that lenite the nouns that follow.
2. Find in the passage examples of prepositions (without an article) that do not lenite the noun that follow.
3. Find examples of prepositions with the article that lenite the noun that follows.

7

Pronouns

In this unit you will learn about
- *The personal pronouns*
- *Introducing people*
- *Pronouns and verbal nouns*
- *Prepositional pronouns*
- *Emphatic forms*
- *Nouns which require prepositional pronouns*
- *Complete list of prepositional pronouns*

The personal pronouns

Insight

A pronoun is a word used to take the place of a noun or noun phrase and is often used as a substitute for a noun already mentioned in order to avoid repetition. A personal pronoun is a kind of pronoun that refers to people and things.

Here are the personal pronouns in Irish:

	Singular	Plural
1st pers.	**mé** (*I*)	**muid/sinn** (*we*)
2nd pers.	**tú** (*you*)	**sibh** (*you*)
3rd pers. (masc.)	**sé/é** (*he*)	**siad/iad** (*they*)
(fem.)	**sí/í** (*she*)	

The forms **sé, sí, siad** are used when they are the subject of the verb. The forms **é, í, iad** are used when they are the object. In the following examples, the first pronoun in each case is the subject of the sentence and the second one is the object of the sentence:

Chonaic **sé** ag an deireadh seachtaine **í**. (*He saw her at the weekend.*)
Múineann **sé** gach samhradh **iad**. (*He teaches them every summer.*)

In the case of the second person singular, the form **thú** is often used when it is the object of the verb:

Chonaic mé ag an gcluiche **thú**. *I saw you at the match.*

Emphatic forms

The emphatic forms of the personal pronouns are given below. These are special forms used to express emphasis.

	Singular	Plural
1st pers.	**mise** (*I*)	**muidne/sinne** (*we*)
2nd pers.	**tusa** (*you*)	**sibhse** (*you*)
3rd pers. (masc.)	**seisean / eisean** (*he*)	**siadsan/iadsan** (*they*)
(fem.)	**sise / ise** (*she*)	

The word **féin** is also used to add emphasis:

Beidh mé féin agus Síle ansin. (*Síle and I will be there.*)
An tú féin a rinne an obair? (*Did you do the work yourself?*)
Beidh muid féin ag dul ann freisin. (*We'll be going there as well.*)

Insight: Introducing people

This is how you introduce people in Irish:

Seo é Liam. (*This is Liam.*)
Seo í Catherine. (*This is Catherine.*)
Seo iad Brian agus Máirín. (*These are Brian and Máirín.*)

Pronouns and verbal nouns

In Irish, a pronoun cannot be used as the direct object of a verbal noun. The following are all incorrect:

ag cáineadh **mé** (*criticizing me*)
ag múineadh **iad** (*teaching them*)
ag bualadh **é** (*beating him*)

The following construction is used instead:

do/a + possessive adjective + verbal noun

1st person singular	
do mo Bhí sé do mo **ch**áineadh. **do m'** Bhí siad do m'ionsaí.	(*He was criticizing me.*) (*They were attacking me.*)
2nd person singular	
do do Bhí sé do do **ch**áineadh. **do d'** Bhí sé do d'ionsaí.	(*He was criticizing you.*) (*He was attacking you.*)
3rd person singular	
á Bhí sé á **ch**áineadh. (masc.) Bhí sé á cáineadh. (fem.)	(*He was criticizing him.*) (*He was criticizing her.*)
1st person plural	
dár Bhí sé dár **gc**áineadh.	(*They were criticizing us.*)
2nd person plural	
do Bhí sé do bhur **gc**áineadh. **bhur**	(*He was criticizing you.*)
3rd person plural	
á Bhí sé á **gc**áineadh.	(*He was criticizing them.*)

In everyday speech, the preposition **do** is usually left out, and **ár** is used instead of **dár** in the first person plural:

Bhí sé mo mholadh. (*He was praising me.*)
Bhí siad ár **mb**ualadh. (*They were beating us.*)

Prepositional pronouns

When a pronoun is the object of a simple preposition, they are both replaced by a prepositional pronoun. Here are two examples:

> chuig (*to*) + mé (*I*) = chugam (*to me*)
> faoi (*under*) + tú (*you*) = fút (*under you*)

A complete list of the prepositional pronouns is given at the end of this unit.

Emphatic forms

The following suffixes are added to the prepositional pronouns that have a *broad* ending:

	Singular	Plural
1st pers.	-sa	
2nd pers.	-sa	-sa
3rd pers.	-san (masculine)	-san
	-sa (feminine)	

These suffixes are added to the prepositional pronouns that have a *slender* ending:

	Singular	Plural
1st pers.	-se	-e
2nd pers.	-se	-se
3rd pers.	-sean (masculine)	-sean
	-se (feminine)	

> Chuir sé litir chugam. (*He sent a letter to me.*)
> Chuir sé litir chugamsa. (*He sent a letter to me.*)
> Chuala mé go raibh tú ag dul go Sasana léi. (*I heard you were going to England with her.*)
> Chuala mé go raibh tú ag dul go Sasana léise. (*I heard you were going to England with her.*)

Nouns which require prepositional pronouns

Prepositional pronouns are used with some nouns to express emotion or state.

Ag

> Tá súile gorma aici. (*She has blue eyes.*)

Ar

> Tá ocras orm. (*I'm hungry.*)
> Tá tart uirthi. (*She's thirsty.*)
> Tá codladh ort. (*You're sleepy.*)
> Tá tinneas cinn air. (*He has a headache.*)
> Tá áthas oraibh. (*You're happy.*)
> Tá brón orm. (*I'm sorry.*)
> Tá eagla uirthi. (*She's afraid.*)
> Tá fearg orainn. (*We're angry.*)
> Tá náire orm. (*I'm ashamed.*)
> Tá uaigneas air. (*He's lonely.*)
> Tá cáil uirthi. (*She's famous.*)
> Chuir sé déistin air. (*It disgusted him.*)
> Tháinig sé aniar aduaidh orm. (*It caught me by surprise.*)
> Tá gruaig fhionn air. (*He has blonde hair.*)
> Tá fuath agam air. *or* Tá fuath agam dó. (*I hate him.*)
> Theip uirthi sa scrúdú. (*She failed the exam.*)

Ag + ar

Tá aithne aige orthu. (*He knows them.*)
Tá cion agam uirthi. (*I have affection for her.*)
Tá meas acu orm. (*They respect me.*)

As

Níl muinín ar bith agam aisti. (*I have no confidence in her.*)
Tá mé bródúil astu. (*I'm proud of them.*)

Chuig

Chuir mé litir chuici. (*I sent her a letter.*)

De

Tá mé an-bhuíoch díot. (*I'm very grateful to you.*)

Do

Rinne sí gar dom. (*She did me a favour.*)

Faoi

Bhí siad ag magadh faoi. *or* Bhí siad ag magadh air. (*They were making fun of him.*)
Rinne sé gearán fúm. (*He complained about me.*)

I

Tá suim agam ionat. (*I'm interested in you* (sing.).)

Idir

Thosaigh troid eatarthu. (*A fight started between them.*)

Le

Tá siad in éad liom. *or* Tá éad orthu liom. (*They're jealous of me.*)
Bhuail mé leis inné. (*I met him yesterday.*)
Thaitin an scannán liom. (*I enjoyed the film.*)
Rinne sé gearán liom. (*He complained to me.*)

Ó

Fuair mé litir uaithi. (*I got a letter from her.*)

Roimh

Bhí eagla orthu roimpi. (*They were afraid of her.*)

Complete list of prepositional pronouns

	1 Sing.	2 Sing.	3 Masc. Sing.	3 Fem. Sing.	1 Pl.	2 Pl.	3 Pl.
ag (at)	agam	agat	aige	aici	againn	agaibh	acu
ar (on)	orm	ort	air	uirthi	orainn	oraibh	orthu
as (out of)	asam	asat	as	aisti	asainn	asaibh	astu
chuig (to)	chugam	chugat	chuige	chuici	chugainn	chugaibh	chucu
de (from)	díom	díot	de	di	dínn	díbh	díobh
do (to)	dom	duit	dó	di	dúinn	daoibh	dóibh
faoi (under)	fúm	fút	faoi	fúithi	fúinn	fúibh	fúthu
i (in)	ionam	ionat	ann	inti	ionainn	ionaibh	iontu
idir (between)					eadrainn	eadraibh	eatarthu
ionsar (to)	ionsorm	ionsort	ionsair	ionsuirthi	ionsorainn	ionsoraibh	ionsorthu
le (with)	liom	leat	leis	léi	linn	libh	leo
ó (from)	uaim	uait	uaidh	uaithi	uainn	uaibh	uathu
roimh (before)	romham	romhat	roimhe	roimpi	romhainn	romhaibh	rompu
thar (over)	tharam	tharat	thairis	thairsti	tharainn	tharaibh	tharstu
trí (through)	tríom	tríot	tríd	tríthi	trínn	tríbh	tríothu

74

Test yourself

A Write the correct personal pronoun in each blank.

1 Chonaic ___ ___ nuair a shiúil sé isteach an doras.
   (*He saw her when he walked in the door.*)
2 Bhí ___ déanach ar maidin, cloisim. (*I hear you* (singular)
   were late this morning.)
3 Mura mbíonn ___ ag an gcruinniú, feicfidh mé ina dhiaidh
   ___. (*If you're* (singular) *not at the meeting, I'll see you*
   (singular) *after it.*)
4 Tá _____ anseo faoi láthair. (*They're here at present.*)
5 Chuala mé gur mhol tú go hard _____. (*I heard you gave
   them high praise.*)
6 An bhfaca tú ___ le tamall anuas? (*Have you seen her
   recently?*)
7 Tá _____ níos sine ná _____. (*He's older than she is.*)
8 Tá _____ níos sine ná _____. (*He's older than she is.*)
9 Tá ___ níos cliste ná mar atá _____. (*You* (singular) *are
   more clever than I am.*)
10 Tá ___ níos cliste ná mar atá _____. (*You* (singular) *are
   more clever than I am.*)
11 Seo ____ Martina. (*This is Martina.*)
12 Seo ____ Dónall agus Bairbre. (*These are Dónall and
   Bairbre.*)

B Write each of these properly:

1 ag moladh + iad (*praising them*)
2 ag múineadh + mé (*teaching me*)
3 ag cáineadh + sibh (*criticizing you*)
4 ag ionsaí + tú (*attacking you*)
5 ag bailiú + í (*collecting her*)
6 ag ceistiú + é (*questioning him*)
7 ag bualadh + iad (*beating them*)
8 ag fágáil + mé (*leaving me*)
9 ag deisiú + iad (*fixing them*)
10 ag ceannach + iad (*buying them*)

C Supply the correct prepositional pronoun for each blank.

1 Tá tart _____. (*I'm thirsty.*)
2 Tá muinín agam _____. (*I have confidence in her.*)
3 Rinne mé gar _____. (*I did her a favour.*)
4 Tá cion aici _____. (*She has affection for me.*)
5 Tá siad bródúil _____. (*They are proud of me.*)
6 Tá tinneas cinn _____. (*They have a headache.*)
7 Tá gruaig dhonn _____. (*She has brown hair.*)
8 Tá súile gorma _____. (*She has blue eyes.*)
9 Tá suim aici _____. (*She's interested in him.*)
10 Rinne siad gearán _____. (*They complained to him.*)
11 Rinne siad gearán _____. (*They complained about him.*)
12 Theip _____ sa scrúdú. (*I failed the examination.*)

In context

Read the following passage from Seán's diary and answer the questions that follow. The vocabulary box will help you understand what is going on.

Chuaigh mise agus Síle chuig an bpictiúrlann aréir. Bhí ticéad an duine againn. Cheannaíomar seachtain ó shin iad. Bhí ocras orainn an oíche sin ach thugamar milseáin linn. Bhí deoch de dhíth ar Shíle agus cheannaigh mé ceann di agus ceann eile dom féin. Bhí sé iontach deas bheith léi nó is cailín cairdiúil í. Tá coinne eile againn an Aoine seo chugainn agus sílim go rachaimid chuig ceolchoirm. Tá aithne ag Síle ar an gceoltóir agus deir sí gur amhránaí maith é.

> ## Vocabulary
>
> pictiúrlann (*cinema*), aréir (*last night*), ticéad, (*ticket*), ceannaigh (*buy*), seachtain (*week*), ocras (*hunger*), thugamar (*we took*), milseáin (*sweets*), deoch (*drink*), de dhíth (*needed*), ceann (*one*), iontach deas (*really nice*), cairdiúil (*friendly*), coinne (*date*), an Aoine (*Friday*), sílim (*I think*), rachaimid (*we will go*), ceolchoirm (*concert*), tá aithne ag Síle ar (*Síle knows*), ceoltóir (*musician*), amhránaí (*singer*).

1. Find all the personal pronouns in the passage.
2. Find all examples of prepositional pronouns in the passage.

8

The verb 1

In this unit you will learn about
- **The verb in Irish: general information**
- **The first conjugation**
- **The second conjugation**
- **The imperative mood**
- **The negative form**
- **The irregular verbs**
- **Giving directions and orders**

The verb in Irish: general information

- ▶ The verb in Irish has four tenses: present, future, past and past continuous / habitual.
- ▶ There are four moods: the indicative, the imperative, the conditional and the subjunctive.
- ▶ The second person singular imperative is the root form which you will find in dictionaries.
- ▶ Regular verbs are divided into two categories called conjugations.
- ▶ Most verbs in Irish are regular, that is, they retain the same root in all tenses and moods. There are 11 irregular verbs.
- ▶ In some cases, the subject pronoun is suffixed to the verb, while in other cases it is separate:

Suffixed	Separate
Éir**ím** ar a hocht. *(I get up at eight.)*	D'éirigh **mé** ar a sé a chlog Dé Sathairn. *(I got up at six o'clock on Saturday.)*

▶ Every verb in Irish has an autonomous form in each tense. This form is used when it is not specified who has done (will do, etc.) something.

▶ When the verb is followed by a personal pronoun (mé, tú, etc.) this is called an *analytic* verb form. When there is no pronoun after the verb, and person and number are expressed by the ending of the verb, this is known as a *synthetic* verb form.

Analytic	Synthetic
téann **sé** *(he goes)*	mol**faimid** *(we will praise)*

Sometimes there is a choice between an analytic verb form and a synthetic verb form:

Analytic		Synthetic
tá **mé**	or	tá**im** *(I am)*
chuaigh **muid**	or	chua**mar** *(we went)*

The first conjugation

There are three types of verbs in the first conjugation:

a verbs with a one-syllable root, e.g. mol (*praise*), ól (*drink*), bris (*break*);

b verbs with a root containing more than one syllable and ending in -**áil**, e.g. sábháil (*save*);

c a small group of verbs ending in -**áin**, -**óil** and -**úir**, e.g. tiomáin (*drive*), tionóil (*convene*), ceiliúir (*celebrate*).

The second conjugation

There are three types of verbs in the second conjugation:

a verbs with more than one syllable in their root, ending in -(a)igh, e.g. ceannaigh (*buy*), cruinnigh (*gather*);
b verbs with more than one syllable in their root, ending in -(a)il, -(a)in, -(a)ir, -(a)is, e.g. codail (*sleep*), cosain (*protect*), imir (*play*), inis (*tell*) (these verbs lose a vowel when they are conjugated);
c some other verbs that do not lose a vowel when they are conjugated, e.g. foghlaim (*learn*), freastail (*attend*).

The imperative mood

The imperative mood is used to give a command or to make a request. It is therefore usually encountered only in the second person singular and plural forms, though a form exists for each person.

The first conjugation

This is how verbs in the first conjugation are changed to the plural (the form used to give a command to more than one person):

a The endings -**igí** or -**aigí** are added to the verbs which have a single syllable in their root:

Singular	Plural
bris (*break*)	bris**igí**
tóg (*take*)	tóg**aigí**

b The endings -**áil** and -**áin** are broadened and **aigí** is added. added:

Singular	Plural
marcáil (*mark*)	marcál**aigí**
taispeáin (*show*)	taispeán**aigí**

c In the case of verbs ending in **-igh** which contain a long vowel, the **-igh** is replaced by **-igí**:

Singular	Plural
dóigh (*burn*)	dó**igí**
léigh (*read*)	lé**igí**

d The short vowel in verbs such as **nigh** and **suigh** is lengthened:

Singular	Plural
nigh (*wash*)	n**ígí**
suigh (*sit*)	su**ígí**

The second conjugation

This is how verbs in the second conjugation are changed to the plural (the form used to give a command to more than one person):

a The ending **-igh** is changed to **-ígí**, and **-aigh** is changed to **-aígí**:

Singular	Plural
bailigh (*gather*)	bail**ígí**
ceannaigh (*buy*)	ceann**aígí**

b In the case of verbs with more than one syllable in their root, ending in **-(a)il**, **-(a)in**, **-(a)ir** and **-(a)is**, the **-(a)i** is left out and **-(a)ígí** is added to them:

Singular	Plural
ceangail (*tie*)	ceangl**aígí**
imir (*play*)	imr**ígí**
inis (*tell*)	ins**ígí**

The negative form

The negative is formed by placing **ná** before the positive form of the verb. **Ná** prefixes **h** to initial vowels:

> Ná bris é! (*Don't break it!*)
> Ná **h**abair é sin. (*Don't say that.*)
> Ná **h**imrígí peil ar an bpríomhbhóthar. (*Don't play football on the main road.*)

The irregular verbs

Verb	2nd Pers. Sing.	2nd Pers. Pl.
abair (*say, sing*)	abair	abr**aigí**
beir (*bring, take*)	beir	beir**igí**
bí (*be*)	bí	b**ígí**
clois (*hear*)	————	————
déan (*do, make*)	déan	déan**aigí**
faigh (*get*)	faigh	faigh**igí**
feic (*see*)	feic	feic**igí**
ith (*eat*)	ith	ith**igí**
tabhair (*give*)	tabhair	tug**aigí**
tar (*come*)	tar	tag**aigí**
téigh (*go*)	téigh	té**igí**

Insight: Giving directions and orders

Directions

Cas (*or* Tiontaigh) ar chlé. (*Turn left.*)
Cas (*or* Tiontaigh) ar dheis. (*Turn right.*)
Téigh díreach ar aghaidh. (*Go straight ahead.*)
Gabh thar an droichead. (*Go across the bridge.*)

Siúil suas go barr na sráide. (*Walk up to the top of the street.*)
Lean ort síos go bun na sráide. (*Continue on down to the bottom of the street.*)

Orders

Bí ciúin! (*Be quiet!*)
Déan deifir. (*Hurry up.*)
Dún an doras. (*Close the door.*)
Oscail an fhuinneog. (*Open the window.*)
Nigh d'aghaidh. (*Wash your face.*)
Suigh síos. (*Sit down.*)
Tar isteach. (*Come in.*)
Ith do dhinnéar. (*Eat your dinner.*)
Stad! (*Stop!*)

Test yourself

A Write all these orders in the plural.

1 Bailigh an bruscar, le do thoil. (*Gather the rubbish, please.*)
2 Nigh na gréithe. (*Wash the dishes.*)
3 Luigh ar an leaba agus bí ciúin. (*Lie on the bed and be quiet.*)
4 Ordaigh do dhinnéar go tapa. (*Order your dinner quickly.*)
5 Ná téigh amach go fóill. (*Don't go out yet.*)
6 Sábháil neart airgid roimh an samhradh. (*Save plenty of money before the summer.*)
7 Ná hinis dó faoi Nóra. (*Don't tell him about Nóra.*)
8 Abair leo teacht isteach. (*Tell them to come in.*)
9 Dún an fhuinneog sin, le do thoil. (*Close that window, please.*)
10 Freagair gach ceist ar an bpáipéar. (*Answer every question on the paper.*)
11 Críochnaigh an obair sin roimh dheireadh an lae. (*Finish that work before the end of the day.*)
12 Ná tabhair aon aird air. (*Don't pay any heed to him.*)

B Place one of the verbs in the box in each of the gaps. Be careful – some of the verbs don't fit into any gap!

1 Ná _____ na brioscaí go léir, a pháistí! (*Don't eat all the biscuits, children!*)

2 _____ an t-airgead dó. (*Give him the money.*)

3 Ná _____ di go raibh mé anseo. (*Don't tell her I was here.*)

4 _____ nuachtán domsa. (*Get a newspaper for me.*)

5 _____ ar ais anseo ar a sé, a Liam. (*Come back here at six, Liam.*)

6 A Bhríd agus a Dhónaill –_____ sibhse liomsa. (*Bríd and Dónall – you come with me.*)

7 Ná _____ rud ar bith le Séan faoi seo. (*Don't say anything to Seán about this.*)

8 A Pheadair, _____ do dhinnéar. (*Peadar, eat your dinner.*)

9 Tar isteach agus _____ síos. (*Come in and sit down.*)

10 _____ deifir, a pháistí. (*Hurry up, children.*)

déan	suigh	tar	inis	ith	habair	hinsígí ithigí
déanaigí	tugaigí	faigh	tagaigí	hithigí	suígí	abair

In context

Read the list of instructions below and answer the questions that follow. The vocabulary box will help you understand what is going on.

A. Glan an teach. Nigh na fuinneoga agus scuab an t-urlár. Bain an féar agus tabhair isteach na héadaí ón líne. Téigh chuig an siopa agus déan an dinnéar réidh.

B. Éirigh agus cuir ort do chuid éadaigh. Fág an teach ar leath i ndiaidh a hocht agus tabhair aghaidh ar an scoil. Buail le do chairde ar an mbealach agus rith an chuid eile den bhealach.

C. Bígí istigh go luath amárach. Amharcaigí ar chlár na bhfógraí agus léigí a bhfuil d'fhógraí ann. Tosaígí bhur gcuid oibre ar a naoi agus ná stopaigí go dtí a cúig.

D. Gabhaigí díreach ar aghaidh. Tiontaígí ar dheis agus leanaígí an bóthar síos. Tugaigí aghaidh ar lár an bhaile agus stopaigí ag na soilse.

Vocabulary

glan (*clean*), teach (*house*), nigh (*wash*), fuinneog (*window*), scuab (*brush*), urlár (*floor*), bain (*cut*), féar (*grass*), tabhair (*bring*), éadaí (*clothes*), líne (*line*), téigh (*go*), siopa (*shop*), déan réidh (*prepare*), dinnéar (*dinner*), éirigh (*get up*), fág (*leave*), tabhair aghaidh ar (*head for*), buail le (*meet*), cairde (*friends*), bealach (*way*), rith (*run*), an chuid eile (*the rest*), istigh (*in*), go luath (*early*), amárach (*tomorrow*), amharc ar (*look at*), clár na bhfógraí (*notice board*), léigh (*read*), fógraí (*notices*), tosaigh (*start*), gabh (*go*), díreach (*directly*), tiontaigh (*turn*), ar dheis (*to the right*), lean (*follow*), lár an bhaile (*the centre of the town*), soilse (*lights*).

---

1. Which sets of orders are in the second person singular and which sets of orders are in the second person plural?
2. Supply a list of all the regular verbs used in the passage.
3. Supply a list of all the irregular verbs used in the passage.
4. Supply a list of all the verbs in the first conjugation used in the passage.
5. Supply a list of all the verbs in the second conjugation used in the passage.

9

The verb 2

In this unit you will learn about
- *Forming the past tense (regular verbs)*
- *The first conjugation*
- *The second conjugation*
- *Questions and answers (regular verbs)*
- *Irregular verbs*

Forming the past tense (regular verbs)

Verbs beginning with a consonant

The past tense is formed by leniting the initial consonant of the second person singular of the imperative mood form (which is the root form of the verb in Irish):

2nd Pers. Sing. Imperative mood	Past tense
siúil (*walk*)	**sh**iúil mé (*I walked*)
bris (*break*)	**bh**ris sé (*he broke*)

Verbs beginning with a vowel or f

D' is prefixed to verbs beginning with a vowel or **f**:

2nd Pers. Sing. Imperative mood	Past tense
ól (*drink*)	**d'**ól siad (*they drank*)
imigh (*leave*)	**d'**imigh sí (*she left*)
freastail (*attend*)	**d'**fhreastail mé (*I attended*)

(This rule does not apply in the case of verbs preceded by particles such as **níor, ar, gur, nár, murar, sular**, etc., or in the passive form.)

The first conjugation

1st Pers. Sing.	**mh**ol mé (*I praised*)	**bh**ris mé (*I broke*)
2nd Pers. Sing.	**mh**ol tú (*you praised*)	**bh**ris tú (*you broke*)
3rd Pers. Sing.	**mh**ol sé/sí (*he/she praised*)	**bh**ris sé/sí (*he/she broke*)
1st Pers. Pl.	**mh**olamar (*we praised*)	**bh**riseamar (*we broke*)
2nd Pers. Pl.	**mh**ol sibh (*you praised*)	**bh**ris sibh (*you broke*)
3rd Pers. Pl.	**mh**ol siad (*they praised*)	**bh**ris siad (*they broke*)

1st Pers. Sing.	**sh**ábháil mé (*I saved*)	**th**iomáin mé (*I drove*)
2nd Pers. Sing.	**sh**ábháil tú (*you saved*)	**th**iomáin tú (*you drove*)
3rd Pers. Sing.	**sh**ábháil sé/sí (*he/she saved*)	**th**iomáin sé/sí (*he/she drove*)
1st Pers. Pl.	**sh**ábhálamar (*we saved*)	**th**iomáineamar (*we drove*)
2nd Pers. Pl.	**sh**ábháil sibh (*you saved*)	**th**iomáin sibh (*you drove*)
3rd Pers. Pl.	**sh**ábháil siad (*they saved*)	**th**iomáin siad (*they drove*)

In the first person plural, another form can be used in which the pronoun is separated from the verb:

mho**lamar**	or	mhol **muid** (*we praised*)
bhrise**amar**	or	bhris **muid** (*we broke*)
shábhá**lamar**	or	shábháil **muid** (*we saved*)
thiomáine**amar**	or	thiomáin **muid** (*we drove*)
thionó**lamar**	or	thionóil **muid** (*we convened*)

The second conjugation

1st Pers. Sing.	**ch**eannaigh mé (*I bought*)	**d**'imigh mé (*I left*)
2nd Pers. Sing.	**ch**eannaigh tú (*you bought*)	**d**'imigh tú (*you left*)
3rd Pers. Sing.	**ch**eannaigh sé/sí (*he/she bought*)	**d**'imigh sé/sí (*he/she left*)
1st Pers. Pl.	**ch**eannaíomar (*we bought*)	**d**'imíomar (*we left*)
2nd Pers. Pl.	**ch**eannaigh sibh (*you bought*)	**d**'imigh sibh (*you left*)
3rd Pers. Pl.	**ch**eannaigh siad (*they bought*)	**d**'imigh siad (*they left*)

1st Pers. Sing.	**d'fh**oghlaim mé (*I learnt*)	**ch**odail mé (*I slept*)
2nd Pers. Sing.	**d'fh**oghlaim tú (*you learnt*)	**ch**odail tú (*you slept*)
3rd Pers. Sing.	**d'fh**oghlaim sé/sí (*he/she learnt*)	**ch**odail sé/sí (*he/she slept*)
1st Pers. Pl.	**d'fh**oglaimíomar (*we learnt*)	**ch**odlaíomar (*we slept*)
2nd Pers. Pl.	**d'fh**oghlaim sibh (*you learnt*)	**ch**odail sibh (*you slept*)
3rd Pers. Pl.	**d'fh**oghlaim siad (*they learnt*)	**ch**odail siad (*they slept*)

Again, in the first person plural, either of these forms can be used:

chodlaíomar	or	chodail **muid** (*we slept*)
d'fhoghlaim**íomar**	or	d'fhoghlaim **muid** (*we learnt*)

Questions and answers (regular verbs)

The particle **ar** is placed before regular verbs in the past tense to form a question. **Níor** is the negative marker. Initial consonants are lenited following **ar** and **níor**.

Ar **bh**uail tú le Mairéad? (*Did you meet Mairéad?*)
Bhuail./Níor **bh**uail. (*Yes./No.*)

Nár is the negative interrogative particle. Again, initial consonants
are lenited when they follow **nár**.

Nár **ch**uir tú teachtaireacht chuici go fóill? (*Did you not send
her a message yet?*)

....

Insight: Pronouns in answers to *yes/no* questions

A pronoun (**mé, tú, sí**, etc.) is not used when answering
yes or *no* to questions such as the ones below – it is usually
incorrect to use a pronoun in such cases.

Ar ól tú féin agus Caoimhín mórán aréir? (*Did you and
Kevin drink much last night?*)
D'ól. I bhfad an iomarca. (*Yes. Far too much.*)
Ar thóg siad mórán trioblóide? (*Did they cause much
trouble?*)
Níor thóg. Bhí siad an-chiúin i mbliana. (*No. They were very
quiet this year.*)

....

Irregular verbs

Some of the irregular verbs are preceded by the **ar, níor** and **nár** in
the past tense (as are regular verbs), while **an, ní** and **nach** are used
before other irregular verbs:

Abair (say)

An ndúirt sé é sin? (*Did he say that?*)
Dúirt./Ní dúirt. (*Yes./No.*)
Nach ndúirt sé é sin? (*Did he not say that?*)

... go ndúirt sé é sin (... *that he said that*)
Dúramar .../Ní dúramar ... (*We said .../We didn't say ...*)

Beir *(bring, take)*

Ar rug siad ar na gadaithe sin fós? (*Did they catch those thieves yet?*)
Rug./Níor rug. (*Yes./No.*)
Nár rud siad ...? (*Did they not catch ...?*)
... gur rug siad ... (... *that they caught ...*)
Rugamar .../Níor rugamar ... (*We caught .../We didn't catch ...*)

Bí *(be)*

An raibh sí amuigh mall aréir? (*Was she out late last night?*)
Bhí./Ní raibh. (*Yes./No.*)
Nach raibh sí ...? (*Was she not ...?*)
... go raibh sí ... (... *that she was ...*)
Bhíomar .../Ní rabhamar ... (*We were .../We weren't ...*)

Clois *(hear)*

Ar chuala tú an dea-scéala? (*Did you hear the good news?*)
Chuala./Níor chuala. (*Yes./No.*)
Nár chuala tú ...? (*Did you not hear ...?*)
... gur chuala tú ... (... *that you heard ...*)
Chualamar .../Níor chualamar ... (*We heard .../We didn't hear ...*)

Déan *(do)*

An ndearna Séamas an scrúdú go fóill? (*Did Séamas do the exam yet?*)
Rinne./Ní dhearna. (*Yes./No.*)
Nach ndearna Séamas ...? (*Did Séamas not do ...?*)
... go ndearna Séamas ... (... *that Séamas did ...*)
Rinneamar .../Ní dhearnamar ... (*We did .../We didn't do ...*)

Faigh (get)

An bhfuair tú carr nua go fóill? (*Did you get a new car yet?*)
Fuair./Ní bhfuair. (*Yes./No.*)
Nach bhfuair tú ...? (*Did you not get ...?*)
... go bhfuair tú ... (*... that you got ...*)
Fuaireamar .../Ní bhfuaireamar ... (*We got .../We didn't get ...*)

Feic (see)

An bhfaca tú an bainisteoir nua ar maidin? (*Did you see the new manager this morning?*)
Chonaic./Ní fhaca. (*Yes./No.*)
Nach bhfaca tú ...? (*Did you not see ...?*)
... go bhfaca tú ... (*... that you saw ...*)
Chonaiceamar .../Ní fhacamar ... (*We saw .../We didn't see ...*)

Ith (eat)

Ar ith tú bia Síneach riamh? (*Did you ever eat Chinese food?*)
D'ith./Níor ith. (*Yes./No.*)
Nár ith tú ...? (*Did you not eat ...?*)
... gur ith tú ... (*... that you ate ...*)
D'itheamar .../Níor itheamar ... (*We ate .../We didn't eat ...*)

Tabhair (give)

Ar thug siad an t-airgead dó? (*Did they give him the money?*)
Thug./Níor thug. (*Yes./No.*)
Nár thug siad ...? (*Did they not give ...?*)
... gur thug siad ... (*...that they gave ...*)
Thugamar .../Níor thugamar ... (*We gave .../We didn't give ...*)

Tar (come)

Ar tháinig Cáit abhaile inné? (*Did Cáit come home yesterday?*)
Tháinig./Níor tháinig. (*Yes./No.*)
Nár tháinig Cáit ...? (*Did Cáit not come ...?*)

> ... gur tháinig Cáit ... (*... that Cáit came ...*)
> Thángamar .../Níor thángamar ... (*We came .../We didn't come ...*)

Téigh (go)

> An ndeachaigh sibh chuig an seisiún ceoil aréir? (*Did you go to the music session last night?*)
> Chuaigh./Ní dheachaigh. (*Yes./No.*)
> Nach ndeachaigh sibh ...? (*Did you not go ...?*)
> ... go ndeachaigh sibh ... (*... that you went ...*)
> Chuamar .../Ní dheachamar ... (*We went .../We didn't go ...*)

Test yourself

A Answer each one of these questions in the affirmative (*yes*) and in the negative (*no*).

1 Ar inis sí an dea-scéala dó? (*Did she tell him the good news?*)
2 Ar fhreastail tú ar an scoil áitiúil? (*Did you attend the local school?*)
3 An bhfuair tú an páipéar? (*Did you get the paper?*)
4 Nár ól siad an fíon go léir aréir? (*Did they not drink all the wine last night?*)
5 An ndúirt sí aon rud eile? (*Did she say anything else?*)
6 Ar thug sí an t-airgead ar ais dó? (*Did she give him back the money?*)
7 Ar chuala tú go raibh sé sa bhaile roimh an Nollaig? (*Did you hear that he was home before Christmas?*)
8 Ar imríomar an fhoireann sin riamh? (*Did we ever play that team?*)
9 Nach ndeachaigh siad ar ais go Baile Átha Cliath fós? (*Did they not go back to Dublin yet?*)
10 Nach ndúramar gach rud a bhí le rá? (*Did we not say everything that had to be said?*)

11 Ar tháinig Brian abhaile aréir? (*Did Brian come home last night?*)

12 Ar thiomáin siad go Béal Feirste? (*Did they drive to Belfast?*)

B Change the verbs in parentheses if necessary.

1 An (déan) tú an obair sin fós? (*Did you do that work yet?*)

2 Ar (buail) tú le Sorcha inné? (*Did you meet Sorcha yesterday?*)

3 An (téigh) sé ar laethanta saoire anuraidh? (*Did he go on holiday last year?*)

4 Ar (ól) sibh mo bhuidéal fíona? (*Did you drink my bottle of wine?*)

5 An (feic) tú mo chuid eochracha in aon áit? (*Did you see my keys anywhere?*)

6 Ar (tar) Ciarán ar ais ón Astráil fós? (*Did Ciarán come back from Australia yet?*)

7 Ar (ceap) tú go raibh sé suimiúil? (*Did you think it was interesting?*)

8 An (faigh) sé mo theachtaireacht? (*Did he get my message?*)

9 An (bí) tú ag an gcluiche? (*Were you at the match?*)

10 Ar (tabhair) sé a sheoladh nua duit? (*Did he give you his new address?*)

C Change each statement below from the first person singular, past tense, to the first person plural.

1 Thiomáin mé go Corcaigh. (*I drove to Cork.*)

2 Cheannaigh mé bronntanas do Chaitlín. (*I bought a present for Caitlín.*)

3 Shábháil mé a lán airgid i rith an tsamhraidh. (*I saved a lot of money during the summer.*)

4 Níor ól mé ach cúpla pionta aréir. (*I only drank a couple of pints last night.*)

5 D'imigh mé go luath ar maidin. (*I left early in the morning.*)

6 D'fhoghlaim mé an dán de ghlanmheabhair. (*I learnt the poem off by heart.*)

7 Níor chodail mé go rómhaith aréir. (*I didn't sleep too well last night.*)

8 Ní dhearna mé an obair sin ag an deireadh seachtaine. (*I didn't do that work at the weekend.*)

9 D'ith mé an iomarca! (*I ate too much!*)

10 Ní dheachaigh mé ar saoire anuraidh. (*I didn't go on holiday last year.*)

D Supply the correct particle (**ar** or **an, nár** or **nach**) and the correct form of the verb to go in the blanks in each sentence.

1 _____ _____ sí do chuid oibre? Mhol. (*Did she praise your work? Yes.*)

2 _____ _____ siad ansin le chéile? Níor thiomáin (*Did they drive there together? No.*)

3 _____ _____ sise ar an scoil sin chomh maith? D'fhreastail. (*Did she attend that school as well? Yes.*)

4 _____ _____ tú an t-amhrán sin? Níor fhoghlaim. (*Did you not learn that song? No.*)

5 _____ _____ sí anseo romhat? Bhí. (*Was she here before you? Yes.*)

6 _____ _____ siad scéala uaidh? Ní bhfuair. (*Did they not get word from him? No.*)

7 _____ _____ an scannán sin cheana féin? Ní fhaca. (*Did we not see that film before? No.*)

8 _____ _____ siad chuig an gcluiche? Chuaigh. (*Did they go to the match? Yes.*)

9 _____ _____ sé abhaile inné? Ní dheachaigh. (*Did he not go home yesterday? No.*)

10 _____ _____ Bríd leat? Níor tháinig. (*Did Bríd not come with you? No.*)

In context

Read the following passage and answer the questions that follow. The vocabulary box will help you understand what is going on.

Mhúscail mé maidin Dé Sathairn go luath ach níor éirigh mé láithreach. Nigh mé mé féin agus chuir mé orm mo chuid éadaigh. Chuaigh mé síos an staighre agus rinne mé réidh mo bhricfeasta. D'ól mé cupán tae agus d'ith mé píosa aráin. Chonaic mé go raibh sé ag cur fearthainne, mar sin de, níor fhág mé an teach.

Vocabulary

múscail (*wake up*), maidin (*morning*), Dé Sathairn (*on Saturday*), go luath (*early*), láithreach (*straight away*), nigh (*wash*), éadach (*cloth*), staighre (*stairs*), déan réidh (*prepare*) bricfeasta (*breakfast*), ól (*drink*), ith (*eat*), píosa aráin (*piece of bread*), fearthainn (*rain*), mar sin de (*therefore*), fág (*leave*), teach (*house*).

1. List the regular verbs used in the passage.
2. List the irregular verbs used in the passage.
3. Change each verb to the first person plural.

10

....

The verb 3

In this unit you will learn about
- **The present tense (regular verbs)**
- **The verb** *bí*
- **Questions and answers (regular verbs)**
- **Irregular verbs**
- *Má*

_____

The present tense (regular verbs)

The first conjugation

1st Pers. Sing.	mol**aim** (*I praise*)	bris**im** (*I break*)
2nd Pers. Sing.	mol**ann** tú (*you praise*)	bris**eann** tú (*you break*)
3rd Pers. Sing.	mol**ann** sé/sí (*he/she praises*)	bris**eann** sé/sí (*he/she breaks*)
1st Pers. Pl.	mol**aimid** (*we praise*)	bris**imid** (*we break*)
2nd Pers. Pl.	mol**ann** sibh (*you praise*)	bris**eann** sibh (*you break*)
3rd Pers. Pl.	mol**ann** siad (*they praise*)	bris**eann** siad (*they break*)

1st Pers. Sing.	sábhál**aim** (*I save*)	tiomáin**im** (*I drive*)
2nd Pers. Sing.	sábhál**ann** tú (*you save*)	tiomán**ann** tú (*you drive*)
3rd Pers. Sing.	sábhál**ann** sé/sí (*he/she saves*)	tiomán**ann** sé/sí (*he/she drives*)

1st Pers. Pl.	sábhál**aimid** (*we drive*)	tiomáin**imid** (*we save*)
2nd Pers. Pl.	sábhál**ann** sibh (*you save*)	tiomán**ann** sibh (*you drive*)
3rd Pers. Pl.	sábhál**ann** siad (*they save*)	tiomán**ann** siad (*they drive*)

The second conjugation

1st Pers. Sing.	ceann**aím** (*I buy*)	im**ím** (*I leave*)
2nd Pers. Sing.	ceann**aíonn** tú (*you buy*)	im**íonn** tú (*you leave*)
3rd Pers. Sing.	ceann**aíonn** sé/sí (*he/she buys*)	im**íonn** sé/sí (*he/she leaves*)
1st Pers. Pl.	ceann**aímid** (*we buy*)	im**ímid** (*we leave*)
2nd Pers. Pl.	ceann**aíonn** sibh (*you buy*)	im**íonn** sibh (*you leave*)
3rd Pers. Pl.	ceann**aíonn** siad (*they buy*)	im**íonn** siad (*they leave*)

1st Pers. Sing.	foghlaim**ím** (*I learn*)	codl**aím** (*I sleep*)
2nd Pers. Sing.	foghlaim**íonn** tú (*you learn*)	codl**aíonn** tú (*you sleep*)
3rd Pers. Sing.	foghlaim**íonn** sé/sí (*he/she learns*)	codl**aíonn** sé/sí (*he/she sleeps*)
1st Pers. Pl.	foghlaim**ímid** (*we learn*)	codl**aímid** (*we sleep*)
2nd Pers. Pl.	foghlaim**íonn** sibh (*you learn*)	codl**aíonn** sibh (*you sleep*)
3rd Pers. Pl.	foghlaim**íonn** siad (*they learn*)	codl**aíonn** siad (*they sleep*)

The verb *bí*

The present tense is used to describe something which is true now or always holds true:

> Tá mé ag obair mar fhreastalaí i mbialann. (*I am working as a waiter in a restaurant.*)
> Tá triúr deartháireacha agam. (*I have three brothers.*)

The present habitual tense is used in all other cases – to describe events that happen regularly, for example:

> Bím sa bhaile gach tráthnóna timpeall a sé a chlog. (*I'm home every evening around six o'clock.*)

Bí (*be*) is the only verb in Irish which has distinct forms in the present tense and in the present habitual tense:

The present tense

	Affirmative	Negative
1st Pers. Sing.	tá**im** (or tá mé) (*I am*)	níl**im** (or níl mé) (*I am not*)
2nd Pers. Sing.	tá tú (*you are*)	níl tú (*you are not*)
3rd Pers. Sing.	tá sé/sí (*he/she is*)	níl sé/sí (*he/she is not*)
1st Pers. Pl.	tá**imid** (*we are*)	níl**imid** (*we are not*)
2nd Pers. Pl.	tá sibh (*you are*)	níl sibh (*you are not*)
3rd Pers. Pl.	tá siad (*they are*)	níl siad (*they are not*)

The present habitual tense

	Affirmative	Negative
1st Pers. Sing.	b**ím** (*I am*)	ní bh**ím** (*I am not*)
2nd Pers. Sing.	b**íonn** tú (*you are*)	ní bh**íonn** tú (*you are not*)
3rd Pers. Sing.	b**íonn** sé/sí (*he/she is*)	ní bh**íonn** sé/sí (*he/she is not*)
1st Pers. Pl.	b**ímid** (*we are*)	ní bh**ímid** (*we are not*)
2nd Pers. Pl.	b**íonn** sibh (*you are*)	ní bh**íonn** sibh (*you are not*)
3rd Pers. Pl.	b**íonn** siad (*they are*)	ní bh**íonn** siad (*they are not*)

Questions and answers (regular verbs)

To form a question in the present tense, the particle **an** is placed before the verb, which eclipses the following consonant. To make a statement negative, **ní** is used, which lenites a following consonant.

> An **bhf**éachann tú ar an teilifís gach oíche? (*Do you watch TV every night?*)
> Féachaim./Ní **fh**éachaim. (*Yes /No.*)

Initial vowels remain unchanged after **an**:

An ólann tú caife? (*Do you drink coffee?*)

Nach is the negative interrogative particle. Initial consonants *and vowels* are eclipsed when they follow **nach**.

Nach **mb**íonn tú anseo gach seachtain? (*Are you not here every week?*)
Nach **n**-imríonn tú galf? (*Do you not play golf?*)

Insight: Pronouns in answers to *yes/no* questions

A pronoun (**mé, tú, sí,** etc.) is not used when answering *yes* or *no* to questions such as the ones below – it is usually incorrect to use a pronoun in such cases.

An gceannaíonn sí carr nua gach bliain? (*Does she buy a new car every year?*)
Ceannaíonn. (*Yes.*)
An imíonn sé go moch ar maidin? (*Does he leave early in the morning?*)
Ní imíonn. (*No.*)

In the case of the first person singular, there are two ways of giving the answers *yes* and *no*:

An mbíonn tú anseo go minic? (*Are you here often?*)
Bím./Ní bhím. *or* Bíonn./Ní bhíonn.
An gcaitheann tú mórán airgid? (*Do you spend much money?*)
Caithim./Ní chaithim. *or* Caitheann./Ní chaitheann.

Irregular verbs

Abair (say)

Note that, unlike all other verbs, **ní** does not lenite in the case of this verb.

	Affirmative	Negative
1st Pers. Sing.	deir**im** (*I say*)	ní deir**im** (*I don't say*)
2nd Pers. Sing.	deir tú (*you say*)	ní deir tú (*you don't say*)
3rd Pers. Sing.	deir sé/sí (*he/she says*)	ní deir sé/sí (*he/she doesn't say*)
1st Pers. Pl.	deir**imid** (*we say*)	ní deir**imid** (*we don't say*)
2nd Pers. Pl.	deir sibh (*you say*)	ní deir sibh (*you don't say*)
3rd Pers. Pl.	deir siad (*they say*)	ní deir siad (*they don't say*)

An ndeir tú aon rud leo? (*Do you say anything to them?*)
Deirim./Ní deirim. (*Yes./No.*)
Nach ndeir tú …? (*Do you not say …?*)
… go ndeir tú … (*… that you say …*)

Beir (bring, take)

	Affirmative	Negative
1st Pers. Sing.	beir**im** (*I bring, take*)	ní bheir**im** (*I don't bring, take*)
2nd Pers. Sing.	beir**eann** tú (*you bring, take*)	ní bheir**eann** tú (*you don't bring, take*)
3rd Pers. Sing.	beir**eann** sé/sí (*he/she brings, takes*)	ní bheir**eann** sé/sí (*he/she doesn't bring, take*)
1st Pers. Pl.	beir**imid** (*we bring, take*)	ní bheir**imid** (*we don't bring, take*)
2nd Pers. Pl.	beir**eann** sibh (*you bring, take*)	ní bheir**eann** sibh (*you don't bring, take*)
3rd Pers. Pl.	beir**eann** siad (*they bring, take*)	ní bheir**eann** siad (*they don't bring, take*)

An mbeireann tú leat é? (*Do you bring, take it with you?*)
Beirim./Ní bheirim. (*Yes./No.*)
Nach mbeireann tú …? (*Do you not bring, take …?*)
… go mbeireann tú … (*… that you bring, take …*)

Clois (hear)

	Affirmative	Negative
1st Pers. Sing.	clois**im** (*I hear*)	ní chlois**im** (*I don't hear*)
2nd Pers. Sing.	clois**eann** tú (*you hear*)	ní chlois**eann** tú (*you don't hear*)
3rd Pers. Sing.	clois**eann** sé/sí (*he/ she hears*)	ní chlois**eann** sé/sí (*he/she doesn't hear*)
1st Pers. Pl.	clois**imid** (*we hear*)	ní chlois**imid** (*we don't hear*)
2nd Pers. Pl.	clois**eann** sibh (*you hear*)	ní chlois**eann** sibh (*you don't hear*)
3rd Pers. Pl.	clois**eann** siad (*they hear*)	ní chlois**eann** siad (*they don't hear*)

An gcloiseann tú an clár sin go minic? (*Do you hear that programme often?*)
Cloisim./Ní chloisim. (*Yes./No.*)
Nach gcloiseann tú …? (*Do you not hear …?*)
… go gcloiseann tú … (*… that you hear …*)

Déan (do, make)

	Affirmative	Negative
1st Pers. Sing.	déan**aim** (*I do*)	ní dhéan**aim** (*I don't do*)
2nd Pers. Sing.	déan**ann** tú (*you do*)	ní dhéan**ann** tú (*you don't do*)
3rd Pers. Sing.	déan**ann** sé/sí (*he/ she does*)	ní dhéan**ann** sé/sí (*he/she doesn't do*)
1st Pers. Pl.	déan**aimid** (*we do*)	ní dhéan**aimid** (*we don't do*)
2nd Pers. Pl.	déan**ann** sibh (*you do*)	ní dhéan**ann** sibh (*you don't do*)
3rd Pers. Pl.	déan**ann** siad (*they do*)	ní dhéan**ann** siad (*they don't do*)

An ndéanann tú an turas sin gach bliain? (*Do you do that
  journey every year?*)
Déanaim./Ní dhéanaim. (*Yes./No.*)
Nach ndéanann tú …? (*Do you not do …?*)
… go ndéanann tú … (*… that you do …*)

Faigh (get)

	Affirmative	Negative
1st Pers. Sing.	faigh**im** (*I get*)	ní fhaigh**im** (*I don't get*)
2nd Pers. Sing.	faigh**eann** tú (*you get*)	ní fhaigh**eann** tú (*you don't get*)
3rd Pers. Sing.	faigh**eann** sé/sí (*he/she gets*)	ní fhaigh**eann** sé/sí (*he/she doesn't get*)
1st Pers. Pl.	faigh**imid** (*we get*)	ní fhaigh**imid** (*we don't get*)
2nd Pers. Pl.	faigh**eann** sibh (*you get*)	ní fhaigh**eann** sibh (*you don't get*)
3rd Pers. Pl.	faigh**eann** siad (*they get*)	ní fhaigh**eann** siad (*they don't get*)

An bhfaigheann tú nuachtán gach lá? (*Do you get a newspaper
  every day?*)
Faighim./Ní fhaighim. (*Yes./No.*)
Nach bhfaigheann tú …? (*Do you not get …?*)
… go bhfaigheann tú … (*… that you get …*)

Feic (see)

	Affirmative	Negative
1st Pers. Sing.	feic**im** (*I see*)	ní fheic**im** (*I don't see*)
2nd Pers. Sing.	feic**eann** tú (*you see*)	ní fheic**eann** tú (*you don't see*)
3rd Pers. Sing.	feic**eann** sé/sí (*he/she sees*)	ní fheic**eann** sé/sí (*he/she doesn't see*)
1st Pers. Pl.	feic**imid** (*we see*)	ní fheic**imid** (*we don't see*)

	Affirmative	Negative
2nd Pers. Pl.	feic**eann** sibh (*you see*)	ní fheic**eann** sibh (*you don't see*)
3rd Pers. Pl.	feic**eann** siad (*they see*)	ní fheic**eann** siad (*they don't see*)

An bhfeiceann tú í go minic? (*Do you see her often?*)
Feicim./Ní fheicim. (*Yes./No.*)
Nach bhfeiceann tú ...? (*Do you not see ...?*)
... go bhfeiceann tú ... (*... that you see ...*)

Ith (eat)

	Affirmative	Negative
1st Pers. Sing.	ith**im** (*I eat*)	ní ith**im** (*I don't eat*)
2nd Pers. Sing.	ith**eann** tú (*you eat*)	ní ith**eann** tú (*you don't eat*)
3rd Pers. Sing.	ith**eann** sé/sí (*he/she eats*)	ní ith**eann** sé/sí (*he/she doesn't eat*)
1st Pers. Pl.	ith**imid** (*we eat*)	ní ith**imid** (*we don't eat*)
2nd Pers. Pl.	ith**eann** sibh (*you eat*)	ní ith**eann** sibh (*you don't eat*)
3rd Pers. Pl.	ith**eann** siad (*they eat*)	ní ith**eann** siad (*they don't eat*)

An itheann tú bia Indiach? (*Do you eat Indian food?*)
Ithim./Ní ithim. (*Yes./No.*)
Nach n-itheann tú ...? (*Do you not eat ...?*)
... go n-itheann tú ... (*... that you eat ...*)

Tabhair (give)

	Affirmative	Negative
1st Pers. Sing.	tug**aim** (*I give*)	ní thug**aim** (*I don't give*)
2nd Pers. Sing.	tug**ann** tú (*you give*)	ní thug**ann** tú (*you don't give*)
3rd Pers. Sing.	tug**ann** sé/sí (*he/she gives*)	ní thug**ann** sé/sí (*he/she doesn't give*)
1st Pers. Pl.	tug**aimid** (*we give*)	ní thug**aimid** (*we don't give*)

(Contd)

	Affirmative	Negative
2nd Pers. Pl.	tug**ann** sibh (*you give*)	ní thug**ann** sibh (*you don't give*)
3rd Pers. Pl.	tug**ann** siad (*they give*)	ní thug**ann** siad (*they don't give*)

An dtugann tú airgead dó? (*Do you give him money?*)
Tugaim./Ní thugaim. (*Yes./No.*)
Nach dtugann tú ...? (*Do you not give ...?*)
... go dtugann tú ... (*... that you give ...*)

Tar (come)

	Affirmative	Negative
1st Pers. Sing.	tag**aim** (*I come*)	ní thag**aim** (*I don't come*)
2nd Pers. Sing.	tag**ann** tú (*you come*)	ní thag**ann** tú (*you don't come*)
3rd Pers. Sing.	tag**ann** sé/sí (*he/she comes*)	ní thag**ann** sé/sí (*he/she doesn't come*)
1st Pers. Pl.	tag**aimid** (*we come*)	ní thag**aimid** (*we don't come*)
2nd Pers. Pl.	tag**ann** sibh (*you come*)	ní thag**ann** sibh (*you don't come*)
3rd Pers. Pl.	tag**ann** siad (*they come*)	ní thag**ann** siad (*they don't come*)

An dtagann tú anseo gach lá? (*Do you come here every day?*)
Tagaim./Ní thagaim. (*Yes./No.*)
Nach dtagann tú ...? (*Do you not come ...?*)
... go dtagann tú ... (*... that you come ...*)

Téigh (go)

	Affirmative	Negative
1st Pers. Sing.	té**im** (*I go*)	ní thé**im** (*I don't go*)
2nd Pers. Sing.	té**ann** tú (*you go*)	ní thé**ann** tú (*you don't go*)
3rd Pers. Sing.	té**ann** sé/sí (*he/she goes*)	ní thé**ann** sé/sí (*he/she doesn't go*)
1st Pers. Pl.	té**imid** (*we go*)	ní thé**imid** (*we don't go*)

	Affirmative	*Negative*
2nd Pers. Pl.	té**ann** sibh (*you go*)	ní thé**ann** sibh (*you don't go*)
3rd Pers. Pl.	té**ann** siad (*they go*)	ní thé**ann** siad (*they don't go*)

An dtéann tú ansin gach Satharn? (*Do you go there every Saturday?*)
Téim./Ní théim. (*Yes./No.*)
Nach dtéann tú …? (*Do you not go …?*)
… go dtéann tú … (*… that you go …*)

Má

Má (*if*) is used with the past tense and with the present tense.
Initial consonants and vowels remain unchanged after **má** in the
past tense:

Bhí sí ansin. (*She was there.*)
Má bhí sí ansin, ní fhaca mé í. (*If she was there, I did not see her.*)

Má + the present tense is used to refer to something which is
happening at the moment and also to future events. **Tá** and **deir**
remain unchanged after **má** but the initial consonants of other
verbs are lenited, while vowels remain unchanged:

Má tá sé anseo, abair leis teacht chun cainte liom. (*If he is here,
tell him to come and talk to me.*)
Má **bh**íonn tú ar ais amárach, beidh lón againn le chéile. (*If you
are back tomorrow, we will have lunch together.*)
Má **fh**eiceann tú í, abair léi go raibh mé ag cur a tuairisce. (*If
you see her, tell her I was asking about her.*)
Má éisteann tú, foghlaimeoidh tú rud éigin. (*If you listen, you
will learn something.*)

Test yourself

A Answer each one of these questions in the affirmative (*yes*) and in the negative (*no*).

1 An bhfeiceann sé Deirdre go minic? (*Does he see Deirdre often?*)

2 An mbíonn tú i mBéal Feirste mórán anois? (*Are you in Belfast much now?*)

3 An itheann tú bia Síneach? (*Do you eat Chinese food?*)

4 An sábhálann siad mórán airgid? (*Do they save much money?*)

5 An bhfoghlaimíonn siad na hamhráin? (*Do they learn the songs?*)

6 An éiríonn sibh go luath ar maidin? (*Do you get up early in the morning?*)

7 An dtéann Maria go Baile Átha Cliath gach deireadh seachtaine? (*Does Maria go to Dublin every weekend?*)

8 An bhfuil tú ag obair sa scoil chéanna fós? (*Are you still working in the same school?*)

9 An ólann siad fíon? (*Do they drink wine?*)

10 An imríonn tú leadóg? (*Do you play tennis?*)

B Change the verbs in parentheses if necessary.

1 Ní (codlaíonn) siad mórán. (*They don't sleep much.*)

2 Nach (itheann) tú bia Seapánach? (*Do you not eat Japanese food?*)

3 Chuala mé go (fágann) sí go moch. (*I hear she leaves early.*)

4 Ní (foghlaimíonn) siad mórán sa rang sin. (*They don't learn much in that class.*)

5 An (ceannaíonn) sí nuachtán gach lá? (*Does she buy a newspaper every day?*)

6 Nach (bíonn) sos agat ar an Domhnach? (*Do you not have a break on Sunday?*)

7 Ní (tógann) sé aon saoire níos mó. (*He doesn't take any holidays any more.*)

8 Nach (imríonn) sí peil? (*Does she not play football?*)

9 Ní (taispeánann) sé a chuid oibre do dhaoine eile.
(*He doesn't show his work to other people.*)

10 An (feiceann) siad é go minic? (*Do they see him often?*)

11 Nach (cloiseann) tú é a thuilleadh? (*Do you not hear it any more?*)

12 Ní (deir) sé mórán. (*He doesn't say much.*)

C Select the correct particle (**an**, **ní** or **nach**) and the correct form of the verb to go in the blanks in each sentence.

1 _____ _____ tú ar an teilifís go minic? Féachaim.
(*Do you often watch television? Yes.*)

2 _____ _____ tú mórán spóirt? Ní imrím.
(*Do you play much sport? No.*)

3 _____ _____ sé amach i rith na seachtaine?
Téann. (*Doesn't he go out during the week? Yes.*)

4 _____ _____ siad an dinnéar ag a seacht a chlog?
Itheann. (*Do they not eat dinner at seven o'clock? Yes.*)

5 _____ _____ sé chuig Bríd go rialta? Scríobhann.
(*Does he write to Bríd often? Yes.*)

6 _____ _____ sé anseo ar an Aoine? Ní bhíonn.
(*Is he not here on Fridays? No.*)

7 _____ _____ ocras ort i gcónaí ag deireadh an
lae? Bíonn. (*Are you always hungry at the end of the day? Yes.*)

8 _____ _____ siad an baile ar a seacht a chlog
gach maidin? Fágann. (*Do they leave home at seven o'clock every morning? Yes.*)

9 _____ _____ tú go bhfuil sé seo leadránach?
Ceapann! (*Do you not think that this is boring? Yes!*)

10 _____ _____ Máirtín aon airgead dó? Ní
thugann. (*Doesn't Máirtín give him any money? No.*)

In context

Read the following passage and answer the questions that follow. The vocabulary box will help you understand what is going on.

Éirím gach lá ar a seacht. Ním mé féin agus ithim mo bhricfeasta. Fágaim an teach ina dhiaidh sin agus sroichim mo chuid oibre ar a naoi. Tosaím láithreach agus críochnaím ar a cúig. I ndiaidh na hoibre téim ar siúlóid. Tagaim ar ais ansin agus suím síos ar feadh tamaill. Labhraím le m'fhear céile agus ullmhaím an dinnéar. Ligim mo scíth ina dhiaidh sin agus téim a luí go luath. De ghnáth, amharcaim ar scannán agus mé sa leaba.

> ## Vocabulary
>
> éirigh (*get up*), gach lá (*every day*), ina dhiaidh sin (*after that*), sroich (*reach*), mo chuid oibre (*my work*), láithreach (*immediately*), siúlóid (*walk*), ar ais (*back*), ar feadh tamaill (*for a while*), fear céile (*husband*), lig do scíth (*rest yourself*), téigh a luí (*go to bed*), go luath (*early*), de ghnáth (*usually*), scannán (*film*), leaba (*bed*).

1. Make a list of verbs in the first conjugation, writing out their stem.
2. Make a list of verbs in the second conjugation, writing out their stem.
3. Change each of the verbs in the passage to the second person singular.
4. Make each of the verbs in the passage negative.

11

The verb 4

In this unit you will learn about
- *The future tense (regular verbs)*
- *Questions and answers (all verbs)*
- *The irregular verbs*
- *Making requests*
- *Present tense with future meaning*
- *Talking about plans and intentions*

The future tense (regular verbs)

The first conjugation

Verbs with a one-syllable root

	Broad consonant	Slender consonant
	Glan (*clean*)	Tuig (*understand*)
1st Pers. Sing.	glan**faidh** mé (*I will clean*)	tuig**fidh** mé (*I will understand*)
2nd Pers. Sing.	glan**faidh** tú (*you will clean*)	tuig**fidh** tú (*you will understand*)
3rd Pers. Sing.	glan**faidh** sé/sí (*he/she will clean*)	tuig**fidh** sé/sí (*he/she will understand*)
1st Pers. Pl.	glan**faimid** (*we will clean*)	tuig**fimid** (*we will understand*)

	Broad consonant	Slender consonant
2nd Pers. Pl.	glan**faidh** sibh (*you will clean*)	tuig**fidh** sibh (*you will understand*)
3rd Pers. Pl.	glan**faidh** siad (*they will clean*)	tuig**fidh** siad (*they will understand*)

	Broad consonant	Slender consonant
	Léigh (*read*)	Suigh (*sit*)
1st Pers. Sing.	léi**fidh** mé (*I will read*)	suí**fidh** mé (*I will sit*)
2nd Pers. Sing.	léi**fidh** tú (*you will read*)	suí**fidh** tú (*you will sit*)
3rd Pers. Sing.	léi**fidh** sé/sí (*he/she will read*)	suí**fidh** sé/sí (*he/she will sit*)
1st Pers. Pl.	léi**fimid** (*we will read*)	suí**fimid** (*we will sit*)
2nd Pers. Pl.	léi**fidh** sibh (*you will read*)	suí**fidh** sibh (*you will sit*)
3rd Pers. Pl.	léi**fidh** siad (*they will read*)	suí**fidh** siad (*they will sit*)

Verbs with a root containing more than one syllable and ending in -áil

	Marcáil (*mark*)	Sábháil (*save*)
1st Pers. Sing.	marcál**faidh** mé (*I will mark*)	sábhál**faidh** mé (*I will save*)
2nd Pers. Sing.	marcál**faidh** tú (*you will mark*)	sábhál**faidh** tú (*you will save*)
3rd Pers. Sing.	marcál**faidh** sé/sí (*he/she will mark*)	sábhál**faidh** sé/sí (*he/she will save*)
1st Pers. Pl.	marcál**faimid** (*we will mark*)	sábhál**faimid** (*we will save*)
2nd Pers. Pl.	marcál**faidh** sibh (*you will mark*)	sábhál**faidh** sibh (*you will save*)
3rd Pers. Pl.	marcál**faidh** siad (*they will mark*)	sábhál**faidh** siad (*they will save*)

Verbs ending in -áin, -óil and -úir

	Taispeáin (show)	Tionóil (convene)
1st Pers. Sing.	taispeán**faidh** mé (*I will show*)	tionól**faidh** mé (*I will convene*)
2nd Pers. Sing.	taispeán**faidh** tú (*you will show*)	tionól**faidh** tú (*you will convene*)
3rd Pers. Sing	taispeán**faidh** sé/sí (*he/she will show*)	tionól**faidh** sé/sí (*he/she will convene*)
1st Pers. Pl.	taispeán**faimid** (*we will show*)	tionól**faimid** (*we will convene*)
2nd Pers. Pl.	taispeán**faidh** sibh (*you will show*)	tionól**faidh** sibh (*you will convene*)
3rd Pers. Pl.	taispeán**faidh** siad (*they will show*)	tionól**faidh** siad (*they will convene*)

Ceiliúir (celebrate)	
1st Pers. Sing.	ceiliúr**faidh** mé (*I will celebrate*)
2nd Pers. Sing.	ceiliúr**faidh** tú (*you will celebrate*)
3rd Pers. Sing.	ceiliúr**faidh** sé/sí (*he/she will celebrate*)
1st Pers. Pl.	ceiliúr**faimid** (*we will celebrate*)
2nd Pers. Pl.	ceiliúr**faidh** sibh (*you will celebrate*)
3rd Pers. Pl.	ceiliúr**faidh** siad (*they will celebrate*)

The second conjugation

Verbs with more than one syllable in their root, ending in -(a)igh

	Broad consonant	Slender consonant
	Tosaigh (*start*)	Éirigh (*get up*)
1st Pers. Sing.	tos**óidh** mé (*I will start*)	éir**eoidh** mé (*I will get up*)
2nd Pers. Sing.	tos**óidh** tú (*you will start*)	éir**eoidh** tú (*you will get up*)

	Broad consonant	Slender consonant
3rd Pers. Sing.	tos**óidh** sé/sí (*he/she will start*)	éir**eoidh** sé/sí (*he/she will get up*)
1st Pers. Pl.	tos**óimid** (*we will start*)	éir**eoimid** (*we will get up*)
2nd Pers. Pl.	tos**óidh** sibh (*you will start*)	éir**eoidh** sibh (*you will get up*)
3rd Pers. Pl.	tos**óidh** siad (*they will start*)	éir**eoidh** siad (*they will get up*)

Verbs with more than one syllable in their root, ending in -(a)il, -(a)in, -(a)ir, -(a)is. These verbs are syncopated when they are conjugated.

	Cosain (protect)	Imir (play)
1st Pers. Sing.	cosn**óidh** mé (*I will protect*)	imr**eoidh** mé (*I will play*)
2nd Pers. Sing.	cosn**óidh** tú (*you will protect*)	imr**eoidh** tú (*you will play*)
3rd Pers. Sing.	cosn**óidh** sé/sí (*he/she will protect*)	imr**eoidh** sé/sí (*he/she will play*)
1st Pers. Pl.	cosn**óimid** (*we will protect*)	imr**eoimid** (*we will play*)
2nd Pers. Pl.	cosn**óidh** sibh (*you will protect*)	imr**eoidh** sibh (*you will play*)
3rd Pers. Pl.	cosn**óidh** siad (*they will protect*)	imr**eoidh** siad (*they will play*)

Inis (tell)

1st Pers. Sing.	ins**eoidh** mé (*I will tell*)
2nd Pers. Sing.	ins**eoidh** tú (*you will tell*)
3rd Pers. Sing.	ins**eoidh** sé/sí (*he/she will tell*)
1st Pers. Pl.	ins**eoimid** (*we will tell*)
2nd Pers. Pl.	ins**eoidh** sibh (*you will tell*)
3rd Pers. Pl.	ins**eoidh** siad (*they will tell*)

Some other verbs that do not lose a vowel when they are conjugated

	Fulaing (suffer)	Tarraing (draw)
1st Pers. Sing.	fulaing**eoidh** mé (*I will suffer*)	tarraing**eoidh** mé (*I will draw*)
2nd Pers. Sing.	fulaing**eoidh** tú (*you will suffer*)	tarraing**eoidh** tú (*you will draw*)
3rd Pers. Sing.	fulaing**eoidh** sé/sí (*he/she will suffer*)	tarraing**eoidh** sé/sí (*he/she will draw*)
1st Pers. Pl.	fulaing**eoimid** (*we will suffer*)	tarraing**eoimid** (*we will draw*)
2nd Pers. Pl.	fulaing**eoidh** sibh (*you will suffer*)	tarraing**eoidh** sibh (*you will draw*)
3rd Pers. Pl.	fulaing**eoidh** siad (*they will suffer*)	tarraing**eoidh** siad (*they will draw*)

Questions and answers (all verbs)

As in the present tense, to form a question in the future tense, the particle **an** is placed before the verb, which eclipses a following consonant. To make a statement negative, **ní** is used, which lenites a following consonant:

An **bh**feicfidh tú Mairéad anocht? (*Will you see Mairéad tonight?*)
Feicfidh./Ní **fh**eicfidh. (*Yes./No.*)

Initial vowels remain unchanged after **an** and **ní**:

An imreoidh tú cluiche leadóige liom amárach? (*Will you play a game of tennis with me tomorrow?*)
Ní imreoidh. (*No.*)

Nach is the negative interrogative particle. Initial consonants *and vowels* are eclipsed when they follow **nach**.

> Nach **m**beidh tú ar ais anocht? (*Will you not be back tonight?*)
> Nach **n**-aithneoidh tú é? (*Will you not recognize him?*)

Insight: Pronouns in answers to *yes/no* questions

A pronoun (**mé, tú, sí,** etc.) is not used when answering *yes* or *no* to questions such as the ones below – it is usually incorrect to use a pronoun in such cases.

An dtabharfaidh tú airgead dóibh? (*Will you give them money?*)
Tabharfaidh. (*Yes.*)
An imeoidh tú ar maidin? (*Will you leave in the morning?*)
Ní imeoidh. (*No.*)

The irregular verbs

Abair (say)

Note that, unlike all other verbs, **ní** does not lenite in the case of this verb.

	Affirmative	Negative
1st Pers. Sing.	déar**faidh** mé (*I will say*)	ní déar**faidh** mé (*I won't say*)
2nd Pers. Sing.	déar**faidh** tú (*you will say*)	ní déar**faidh** tú (*you won't say*)
3rd Pers. Sing.	déar**faidh** sé/sí (*he/ she will say*)	ní déar**faidh** sé/sí (*he/ she won't say*)
1st Pers. Pl.	déar**faimid** (*we will say*)	ní déar**faimid** (*we won't say*) (Contd)

	Affirmative	Negative
2nd Pers. Pl.	déar**faidh** sibh (*you will say*)	ní déar**faidh** sibh (*you won't say*)
3rd Pers. Pl.	déar**faidh** siad (*they will say*)	ní déar**faidh** siad (*they won't say*)

An ndéarfaidh tú cúpla focal? (*Will you say a few words?*)
Déarfaidh./Ní déarfaidh. (*Yes./No.*)
Nach ndéarfaidh tú …? (*Will you not say …?*)
… go ndéarfaidh tú … (*… that you will say …*)

Beir (bring, take)

	Affirmative	Negative
1st Pers. Sing.	béar**faidh** mé (*I will bring*)	ní bhéar**faidh** mé (*I will not bring*)
2nd Pers. Sing.	béar**faidh** tú (*you will bring*)	ní bhéar**faidh** tú (*you will not bring*)
3rd Pers. Sing.	béar**faidh** sé/sí (*he/she will bring*)	ní bhéar**faidh** sé/sí (*he/she will not bring*)
1st Pers. Pl.	béar**faimid** (*we will bring*)	ní bhéar**faimid** (*we will not bring*)
2nd Pers. Pl.	béar**faidh** sibh (*you will bring*)	ní bhéar**faidh** sibh (*you will not bring*)
3rd Pers. Pl.	béar**faidh** siad (*they will bring*)	ní bhéar**faidh** siad (*they will not bring*)

An mbéarfaidh tú leat é? (*Will you bring it with you?*)
Béarfaidh./Ní bhéarfaidh. (*Yes./No.*)
Nach mbéarfaidh tú …? (*Will you not bring …?*)
… go mbéarfaidh tú … (*… that you will bring …*)

Bí (be)

	Affirmative	*Negative*
1st Pers. Sing.	b**eidh** mé (*I will be*)	ní bh**eidh** mé (*I will not be*)
2nd Pers. Sing.	b**eidh** tú (*you will be*)	ní bh**eidh** tú (*you will not be*)
3rd Pers. Sing.	b**eidh** sé/sí (*he/she will be*)	ní bh**eidh** sé/sí (*he/she will not be*)
1st Pers. Pl.	b**eimid** (*we will be*)	ní bh**eimid** (*we will not be*)
2nd Pers. Pl.	b**eidh** sibh (*you will be*)	ní bh**eidh** sibh (*you will not be*)
3rd Pers. Pl.	b**eidh** siad (*they will be*)	ní bh**eidh** siad (*they will not be*)

An mbeidh tú leat féin? (*Will you be alone?*)
Beidh./Ní bheidh. (*Yes./No.*)
Nach mbeidh tú …? (*Will you not be …?*)
… go mbeidh tú … (*… that you will be …*)

Clois (hear)

	Affirmative	*Negative*
1st Pers. Sing.	clois**fidh** mé (*I will hear*)	ní chlois**fidh** mé (*I will not hear*)
2nd Pers. Sing.	clois**fidh** tú (*you will hear*)	ní chlois**fidh** tú (*you will not hear*)
3rd Pers. Sing.	clois**fidh** sé/sí (*he/she will hear*)	ní chlois**fidh** sé/sí (*he/she will not hear*)
1st Pers. Pl.	clois**fimid** (*we will hear*)	ní chlois**fimid** (*we will not hear*)
2nd Pers. Pl.	clois**fidh** sibh (*you will hear*)	ní chlois**fidh** sibh (*you will not hear*)
3rd Pers. Pl.	clois**fidh** siad (*they will hear*)	ní chlois**fidh** siad (*they will not hear*)

An gcloisfidh tú an torann? (*Will you hear the noise?*)
Cloisfidh./Ní chloisfidh. (*Yes./No.*)
Nach gcloisfidh tú …? (*Will you not hear …?*)
… go gcloisfidh tú … (*… that you will hear …*)

Déan (do, make)

	Affirmative	Negative
1st Pers. Sing.	déan**faidh** mé (*I will do*)	ní dhéan**faidh** mé (*I will not do*)
2nd Pers. Sing.	déan**faidh** tú (*you will do*)	ní dhéan**faidh** tú (*you will not do*)
3rd Pers. Sing.	déan**faidh** sé/sí (*he/she will do*)	ní dhéan**faidh** sé/sí (*he/she will not do*)
1st Pers. Pl.	déan**faimid** (*we will do*)	ní dhéan**faimid** (*we will not do*)
2nd Pers. Pl.	déan**faidh** sibh (*you will do*)	ní dhéan**faidh** sibh (*you will not do*)
3rd Pers. Pl.	déan**faidh** siad (*they will do*)	ní dhéan**faidh** siad (*they will not do*)

An ndéanfaidh tú gar dom? (*Will you do me a favour?*)
Déanfaidh./Ní dhéanfaidh. (*Yes./No.*)
Nach ndéanfaidh tú …? (*Will you not do …?*)
… go ndéanfaidh tú … (*… that you will do …*)

Faigh (get)

	Affirmative	Negative
1st Pers. Sing.	**gheobh**aidh mé (*I will get*)	ní **bh**faigh**idh** mé (*I will not get*)
2nd Pers. Sing.	**gh**eobh**aidh** tú (*you will get*)	ní **bh**faigh**idh** tú (*you will not get*)
3rd Pers. Sing.	**gh**eobh**aidh** sé/sí (*he/she will get*)	ní **bh**faigh**idh** sé/sí (*he/she will not get*)

	Affirmative	Negative
1st Pers. Pl.	**gh**eobh**aimid** (*we will get*)	ní **bh**faigh**imid** (*we will not get*)
2nd Pers. Pl.	**gh**eobh**aidh** sibh (*you will get*)	ní **bh**faigh**idh** sibh (*you will not get*)
3rd Pers. Pl.	**gh**eobh**aidh** siad (*they will get*)	ní **bh**faigh**idh** siad (*they will not get*)

An bhfaighidh tú toitíní dom? (*Will you get cigarettes for me?*)
Gheobhaidh./Ní bhfaighidh. (*Yes./No.*)
Nach bhfaighidh tú …? (*Will you not get …?*)
… go bhfaighidh tú … (*… that you will get …*)

Feic (see)

	Affirmative	Negative
1st Pers. Sing.	feic**fidh** mé (*I will see*)	ní fheic**fidh** mé (*I will not see*)
2nd Pers. Sing.	feic**fidh** tú (*you will see*)	ní fheic**fidh** tú (*you will not see*)
3rd Pers. Sing.	feic**fidh** sé/sí (*he/she will see*)	ní fheic**fidh** sé/sí (*he/she will not see*)
1st Pers. Pl.	feic**fimid** (*we will see*)	ní fheic**fimid** (*we will not see*)
2nd Pers. Pl.	feic**fidh** sibh (*you will see*)	ní fheic**fidh** sibh (*you will not see*)
3rd Pers. Pl.	feic**fidh** siad (*they will see*)	ní fheic**fidh** siad (*they will not see*)

An bhfeicfidh tú Síle ansin? (*Will you see Síle there?*)
Feicfidh./Ní fheicfidh. (*Yes./No.*)
Nach bhfeicfidh tú …? (*Will you not see …?*)
… go bhfeicfidh tú … (*… that you will see …*)

Ith (eat)

	Affirmative	Negative
1st Pers. Sing.	íos**faidh** mé (*I will eat*)	ní íos**faidh** mé (*I will not eat*)
2nd Pers. Sing.	íos**faidh** tú (*you will eat*)	ní íos**faidh** tú (*you will not eat*)
3rd Pers. Sing.	íos**faidh** sé/sí (*he/she will eat*)	ní íos**faidh** sé/sí (*he/she will not eat*)
1st Pers. Pl.	íos**faimid** (*we will eat*)	ní íos**faimid** (*we will not eat*)
2nd Pers. Pl.	íos**faidh** sibh (*you will eat*)	ní íos**faidh** sibh (*you will not eat*)
3rd Pers. Pl.	íos**faidh** siad (*they will eat*)	ní íos**faidh** siad (*they will not eat*)

An íosfaidh tú greim? (*Will you eat a bite?*)
Íosfaidh./Ní íosfaidh. (*Yes./No.*)
Nach n-íosfaidh tú …? (*Will you not eat …?*)
… go n-íosfaidh tú … (*… that you will eat …*)

Tabhair (give)

	Affirmative	Negative
1st Pers. Sing.	tabhar**faidh** mé (*I will give*)	ní thabhar**faidh** mé (*I will not give*)
2nd Pers. Sing.	tabhar**faidh** tú (*you will give*)	ní thabhar**faidh** tú (*you will not give*)
3rd Pers. Sing.	tabhar**faidh** sé/sí (*he/she will give*)	ní thabhar**faidh** sé/sí (*he/she will not give*)
1st Pers. Pl.	tabhar**faimid** (*we will give*)	ní thabhar**faimid** (*we will not give*)
2nd Pers. Pl.	tabhar**faidh** sibh (*you will give*)	ní thabhar**faidh** sibh (*you will not give*)
3rd Pers. Pl.	tabhar**faidh** siad (*they will give*)	ní thabhar**faidh** siad (*they will not give*)

An dtabharfaidh tú airgead dó? (*Will you give him money?*)
Tabharfaidh./Ní thabharfaidh. (*Yes./No.*)
Nach dtabharfaidh tú …? (*Will you not give …?*)
… go dtabharfaidh tú … (*… that you will give …*)

Tar (come)

	Affirmative	Negative
1st Pers. Sing.	tioc**faidh** mé (*I will come*)	ní thioc**faidh** mé (*I will not come*)
2nd Pers. Sing.	tioc**faidh** tú (*you will come*)	ní thioc**faidh** tú (*you will not come*)
3rd Pers. Sing.	tioc**faidh** sé/sí (*he/she will come*)	ní thioc**faidh** sé/sí (*he/she will not come*)
1st Pers. Pl.	tioc**faimid** (*we will come*)	ní thioc**faimid** (*we will not come*)
2nd Pers. Pl.	tioc**faidh** sibh (*you will come*)	ní thioc**faidh** sibh (*you will not come*)
2nd Pers. Pl.	tioc**faidh** siad (*they will come*)	ní thioc**faidh** siad (*they will not come*)

An dtiocfaidh tú ar ais amárach? (*Will you come back tomorrow?*)
Tiocfaidh./Ní thiocfaidh. (*Yes./No.*)
Nach dtiocfaidh tú …? (*Will you not come …?*)
… go dtiocfaidh tú … (*… that you will come …*)

Téigh (go)

	Affirmative	Negative
1st Pers. Sing.	rach**aidh** mé (*I will go*)	ní rach**aidh** mé (*I will not go*)
2nd Pers. Sing.	rach**aidh** tú (*you will go*)	ní rach**aidh** tú (*you will not go*)

(Contd)

	Affirmative	Negative
3rd Pers. Sing.	rach**aidh** sé/sí (*he/she will go*)	ní rach**aidh** sé/sí (*he/she will not go*)
1st Pers. Pl.	rach**aimid** (*we will go*)	ní rach**aimid** (*we will not go*)
2nd Pers. Pl.	rach**aidh** sibh (*you will go*)	ní rach**aidh** sibh (*you will not go*)
3rd Pers. Pl.	rach**aidh** siad (*they will go*)	ní rach**aidh** siad (*they will not go*)

> An rachaidh tú ansin le Bríd? (*Will you go there with Bríd?*)
> Rachaidh./Ní rachaidh. (*Yes./No.*)
> Nach rachaidh tú …? (*Will you not go …?*)
> … go rachaidh tú … (*… that you will go …*)

The future tense is often used when requests are being made:

> An bhfaighidh tú nuachtán dom? (*Will you get a newspaper for me?*)
> An dtiocfaidh tú anseo nóiméad? (*Will you come here for a minute?*)
> An rachaidh tú ag siopadóireacht liom? (*Will you go shopping with me?*)

Present tense with future meaning

As in English, the present tense is often used in Irish to refer to future events. The construction is:

> **tá** (present tense of **bí**) + pronoun + **ag** + verbal noun
> Tá mé ag dul go Corcaigh ag an deireadh seachtaine. (*I'm going to Cork at the weekend.*)
> Tá sé ag bualadh le Róisín amárach. (*He's meeting Róisín tomorrow.*)
> Táimid ag imeacht ar maidin. (*We're leaving in the morning.*)

Insight: Talking about plans and intentions

Here are various ways of talking about plans and intentions:

Tá sé i gceist agam dul go Londain go ceann trí lá. *(I intend to go to London for three days.)*
Tá sé beartaithe ag Dónall agus Jacinta bogadh go hAlbain. *(Dónall and Jacinta plan on moving to Scotland.)*
Tá siad ag brath cúpla lá a chaitheamh anseo. *(They intend to spend a couple of days here.)*

Test yourself

A Answer each one of these questions in the affirmative *(yes)* and in the negative *(no)*.

1 An dtabharfaidh tú an litir seo do Michelle? *(Will you give this letter to Michelle?)*
2 An léifidh tú an aiste seo dom? *(Will you read this essay for me?)*
3 An sábhálfaidh sibh mórán airgid má théann sibh ar an mbád? *(Will you save much money if you go on the boat?)*
4 An gceannóidh siad é? *(Will they buy it?)*
5 An bhfaighimid lá saor? *(Will we get a free day?)*
6 An dtiocfaidh siad ar ais amárach? *(Will they come back tomorrow?)*
7 An rachaidh sí leat go Gaillimh? *(Will she go with you to Galway?)*
8 An ndéanfaidh sibh gar dom? *(Will you do me a favour?)*
9 An ndéarfaidh tú leis teacht isteach? *(Will you tell him to come in?)*
10 An dtabharfaidh siad an t-airgead ar ais duit? *(Will they give you the money back?)*

B Select the correct particle (**an, ní** or **nach**) and the correct form of the verb to go in the blanks in each sentence.

1 _____ _____ tú ar ais leis? Tiocfaidh. *(Will you come back with him? Yes.)*

2 _____ _____ sí ar ais duit é? Ní thabharfaidh.
(*Will she not give it back to you? No.*)

3 _____ _____ siad tú? Ní fheicfidh. (*Will they see
you? No.*)

4 _____ _____ tú pas sna scrúduithe? Ní bhfaighidh.
(*Will you not get a pass in the exams? No.*)

5 _____ _____ tú an guthán ag bualadh? Cloisfidh.
(*Will you hear the phone ringing? Yes.*)

6 _____ _____ siad an méid sin. (*They won't eat
that much.*)

7 _____ _____ tú léi go raibh mé anseo? Déarfaidh.
(*Will you tell her I was here? Yes.*)

8 _____ _____ ar ais in am? Ní bheidh. (*Will we be
back in time? No.*)

9 _____ _____ sibh an obair di? Ní dhéanfaidh.
(*Will you not do the work for her? No.*)

10 _____ _____ aon airgead dó? Tabharfaidh. (*Will
we not give him any money? Yes.*)

C Match each verb and pronoun in Column One with their
English equivalents in Column Two:

Column One   *Column Two*

1 tuigfidh sibh   **a** we will sit
2 suífimid   **b** will they not get up?
3 ceiliúrfaidh siad   **c** you will hear
4 ní éireoimid   **d** they will celebrate
5 ní bheidh siad   **e** they will understand
6 cloisfidh sibh   **f** we will eat
7 tuigfidh siad   **g** we will not get up
8 nach n-éireoidh siad?   **h** will you not get?
9 cloisfimid   **i** they will not be
10 íosfaimid   **j** I will get
11 nach bhfaighidh sibh?   **k** we will hear
12 gheobhaidh mé   **l** you will understand

In context

Read the following passage and answer the questions that follow.
The vocabulary box will help you understand what is going on.

Beidh laethanta saoire againn i mbliana. Rachaimid chun na
Spáinne go ceann seachtaine. Imeoimid ag deireadh mhí Iúil
agus glacfaimid eitlit ó Bhaile Átha Cliath. Gheobhaimid síob
ón aerphort agus stopfaimid in óstán in aice na trá. Imeoimid
ar chúpla turas agus caithfimid cuid mhór ama faoin ghrian.
Ceannóimid cuid mhór bronntanas agus fillfimid abhaile sona sásta.

Vocabulary

laethanta saoire (*holidays*), i mbliana (*this year*), an Spáinn
(*Spain*), mí Iúil (*July*), eitilt (*flight*), síob (*lift*), aerphort (*airport*),
óstán (*hotel*), turas (*excursion*), grian (*sun*), bronntanas
(*present*), sona sásta (*really happy*).

---

1. Change each verb in the passage to the first person singular.
2. Change each verb in the passage to a question form, using **an**.
3. Place 'deir sé go...' (*he says that...*) before each verb.

12

The verb 5

In this unit you will learn about
- *The conditional mood (regular verbs)*
- *Questions and answers in the conditional mood*
- *The irregular verbs*
- *Asking for favours/making requests*
- *Ba mhaith…/Ar mhaith…?*
- *Dá*
- *Féad*

Verbs in the conditional mood are used to convey a possible or unfilled sense of the verb.

The conditional mood: regular verbs

The first conjugation

Verbs with a one-syllable root, e.g. díol (*sell*) and tit (*fall*).

	Broad consonant	*Slender consonant*
1st Pers. Sing.	**dh**íol**fainn** (*I would sell*)	**th**it**finn** (*I would fall*)
2nd Pers. Sing.	**dh**íol**fá** (*you would sell*)	**th**it**feá** (*you would fall*)
3rd Pers. Sing.	**dh**íol**fadh** sé/sí (*he/she would sell*)	**th**it**feadh** sé/sí (*he/she would fall*)
		(Contd)

	Broad consonant	Slender consonant
1st Pers. Pl.	**dhíolfaimis** (we would sell)	**thitfimis** (we would fall)
2nd Pers. Pl.	**dhíolfadh** sibh (you would sell)	**thitfeadh** sibh (you would fall)
3rd Pers. Pl.	**dhíolfaidís** (they would sell)	**thitfidís** (they would fall)

Verbs beginning with a vowel or f

As in the past tense, **d'** is placed in front of verbs beginning with a vowel or **f** in the conditional mood. Note, however, that forms with **d'** are not used after **an, ní, nach,** etc.:

d'éistfidís (they would listen)	**d'fhanfaidís** (they would wait)
but	
ní éistfidís (they would not listen)	ní fhanfaidís (they would not wait)
an éistfidís? (would they listen?)	an bhfanfaidís? (would they wait?)

	Fan (wait, stay)	Éist (listen)
1st Pers. Sing.	**d'fhanfainn** (I would wait)	**d'éistfinn** (I would listen)
2nd Pers. Sing.	**d'fhanfá** (you would wait)	**d'éistfeá** (you would listen)
3rd Pers. Sing.	**d'fhanfadh** sé/sí (he/she would wait)	**d'éistfeadh** sé/sí (he/she would listen)
1st Pers. Pl.	**d'fhanfaimis** (we would wait)	**d'éistfimis** (we would listen)
2nd Pers. Pl.	**d'fhanfadh** sibh (you would wait)	**d'éistfeadh** sibh (you would listen)
3rd Pers. Pl.	**d'fhanfaidís** (they would wait)	**d'éistfidís** (they would listen)

	Pléigh (discuss)	Luigh (lie down)
1st Pers. Sing.	**phl**éi**finn** (*I would discuss*)	luí**finn** (*I would lie down*)
2nd Pers. Sing.	**phl**éi**feá** (*you would discuss*)	luí**feá** (*you would lie down*)
3rd Pers. Sing.	**phl**éi**feadh** sé/sí (*he/she would discuss*)	luí**feadh** sé/sí (*he/she would lie down*)
1st Pers. Pl.	**phl**éi**fimis** (*we would discuss*)	luí**fimis** (*we would lie down*)
2nd Pers. Pl.	**phl**éi**feadh** sibh (*you would discuss*)	luí**feadh** sibh (*you would lie down*)
3rd Pers. Pl.	**phl**éi**fidís** (*they would discuss*)	luí**fidís** (*they would lie down*)

Verbs with a root containing more than one syllable and ending in -áil

	Marcáil (mark)	Sábháil (save)
1st Pers. Sing.	**mh**arcál**fainn** (*I would mark*)	**sh**ábhál**fainn** (*I would save*)
2nd Pers. Sing.	**mh**arcál**fá** (*you would mark*)	**sh**ábhál**fá** (*you would save*)
3rd Pers. Sing.	**mh**arcál**fadh** sé/sí (*he/she would mark*)	**sh**ábhál**fadh** sé/sí (*he/she would save*)
1st Pers. Pl.	**mh**arcál**faimis** (*we would mark*)	**sh**ábhál**faimis** (*we would save*)
2nd Pers. Pl.	**mh**arcál**fadh** sibh (*you would mark*)	**sh**ábhál**fadh** sibh (*you would save*)
3rd Pers. Pl.	**mh**arcál**faidís** (*they would mark*)	**sh**ábhál**faidís** (*they would save*)

Verbs ending in -áin, -óil and -úir

	Taispeáin (show)	Tionól (convene)
1st Pers. Sing.	th**aispeánfainn** (*I would show*)	th**ionólfainn** (*I would convene*)
2nd Pers. Sing.	th**aispeánfá** (*you would show*)	th**ionólfá** (*you would convene*)
3rd Pers. Sing.	th**aispeánfadh** sé/sí (*he/she would show*)	th**ionólfadh** sé/sí (*he/she would convene*)
1st Pers. Pl.	th**aispeánfaimis** (*we would convene*)	th**ionólfaimis** (*we would convene*)
2nd Pers. Pl.	th**aispeánfadh** sibh (*you would show*)	th**ionólfadh** sibh (*you would convene*)
3rd Pers. Pl.	th**aispeánfaidís** (*they would show*)	th**ionólfaidís** (*they would convene*)

	Céiliúir (celebrate)
1st Pers. Sing.	ch**eiliúrfainn** (*I would celebrate*)
2nd Pers. Sing.	ch**eiliúrfá** (*you would celebrate*)
3rd Pers. Sing.	ch**eiliúrfadh** sé/sí (*he/she would celebrate*)
1st Pers. Pl.	ch**eiliúrfaimis** (*we would celebrate*)
2nd Pers. Pl.	ch**eiliúrfadh** sibh (*you would celebrate*)
3rd Pers. Pl.	ch**eiliúrfaidís** (*they would celebrate*)

The second conjugation

Verbs with more than one syllable in their root, ending in -(a)igh, e.g. **ionsaigh** (*attack*) and **dúisigh** (*wake up*)

	Broad consonant	Slender consonant
1st Pers. Sing.	d'ions**óinn** (*I would attack*)	dh**úiseoinn** (*I would wake up*)
2nd Pers. Sing.	d'ions**ófá** (*you would attack*)	dh**úiseofá** (*you would wake up*)
3rd Pers. Sing.	d'ions**ódh** sé/sí (*he/she would attack*)	dh**úiseodh** sé/sí (*he/she would wake up*)

	Broad consonant	Slender consonant
1st Pers. Pl.	**d'**ions**óimis** (*we would attack*)	**dh**úis**eoimis** (*we would wake up*)
2nd Pers. Pl.	**d'**ions**ódh** sibh (*you would attack*)	**dh**úis**eodh** sibh (*you would wake up*)
3rd Pers. Pl.	**d'**ions**óidís** (*they would attack*)	**dh**úis**eoidís** (*they would wake up*)

	Ceangail (tie)	Cosain (protect)
1st Pers. Sing.	**ch**eangl**óinn** (*I would tie*)	**ch**osn**óinn** (*I would protect*)
2nd Pers. Sing.	**ch**eangl**ófá** (*you would tie*)	**ch**osn**ófá** (*you would protect*)
3rd Pers. Sing.	**ch**eangl**ódh** sé/sí (*he/she would tie*)	**ch**osn**ódh** sé/sí (*he/she would protect*)
1st Pers. Pl.	**ch**eangl**óimis** (*we would tie*)	**ch**osn**óimis** (*we would protect*)
2nd Pers. Pl.	**ch**eangl**ódh** sibh (*you would tie*)	**ch**osn**ódh** sibh (*you would protect*)
3rd Pers. Pl.	**ch**eangl**óidís** (*they would tie*)	**ch**osn**óidís** (*they would protect*)

	Imir (play)	Inis (tell)
1st Pers. Sing.	**d'**imr**eoinn** (*I would play*)	**d'**ins**eoinn** (*I would tell*)
2nd Pers. Sing.	**d'**imr**eofá** (*you would play*)	**d'**ins**eofá** (*you would tell*)
3rd Pers. Sing.	**d'**imr**eodh** sé/sí (*he/she would play*)	**d'**ins**eodh** sé/sí (*he/she would tell*)
1st Pers. Pl.	**d'**imr**eoimis** (*we would play*)	**d'**ins**eoimis** (*we would tell*)
2nd Pers. Pl.	**d'**imr**eodh** sibh (*you would play*)	**d'**ins**eodh** sibh (*you would tell*)
3rd Pers. Pl.	**d'**imr**eoidís** (*they would play*)	**d'**ins**eoidís** (*they would tell*)

Some other verbs that do not lose a vowel when they are conjugated.

	Fulaing (suffer)	Tarraing (draw)
1st Pers. Sing.	d'fhulaing**eoinn** (*I would suffer*)	th**a**rraing**eoinn** (*I would draw*)
2nd Pers. Sing.	d'fhulaing**eofá** (*you would suffer*)	th**a**rraing**eofá** (*you would draw*)
3rd Pers. Sing.	d'fhulaing**eodh** sé/sí (*he/she would suffer*)	th**a**rraing**eodh** sé/sí (*he/she would draw*)
1st Pers. Pl.	d'fhulaing**eoimis** (*we would suffer*)	th**a**rraing**eoimis** (*we would draw*)
2nd Pers. Pl.	d'fhulaing**eodh** sibh (*you would suffer*)	th**a**rraing**eodh** sibh (*you would draw*)
3rd Pers. Pl.	d'fhulaing**eoidís** (*they would suffer*)	th**a**rraing**eoidís** (*they would draw*)

Questions and answers in the conditional mood

▶ As in the present and future tenses, to form a question in the conditional mood the particle **an** is placed before the verb, which eclipses a following consonant.

An **mb**uailfeá leis dá mbeadh sé anseo? (*Would you meet him if he were here?*)

▶ To make a statement negative, **ní** is used. Initial consonants are lenited following **ní** and the **d'** before vowels and **f** is dropped.

An **bh**fanfá liom dá mbeinn déanach?
  (*Would you wait for me if I was late?*)
D'fhanfainn./Ní fhanfainn. (*Yes./No.*)
An imreofá cluiche leis? (*Would you play a game with him?*)
D'imreoinn./Ní imreoinn. (*Yes./No.*)

▶ Initial vowels, however, are *not* eclipsed after **an** and **ní**:

An íosfá greim? (*Would you eat a bite?*)
Ní ólfainn é. (*I wouldn't drink it.*)

▶ **Nach** is the negative interrogative particle. Initial consonants *and vowels* are eclipsed when they follow **nach**.

Nach **mb**eifeá ar buile? (*Would you not be angry?*)
Nach **n**-aithneodh sé tú? (*Would he not recognize you?*)

Insight: Pronouns in answers to *yes/no* questions

Note that the same form of the verb is used to answer *yes* and *no* to questions in each person, apart from the first person singular.

An inseofá an fhírinne? (*Would you tell the truth?*)
D'inseoinn./Ní inseoinn. (*Yes./No.*)
but
An inseodh sé an fhírinne? (*Would he tell the truth?*)
D'inseodh./Ní inseodh. (*Yes./No.*)
An inseodh sibh an fhírinne? (*Would you tell the truth?*)
D'inseodh./Ní inseodh. (*Yes./No.*)
An inseoidís an fhírinne? (*Would they tell the truth?*)
D'inseodh./Ní inseodh. (*Yes./No.*)

The irregular verbs

Abair (say)

Note that, unlike all other verbs, **ní** does not lenite in the case of this verb.

	Affirmative	Negative
1st Pers. Sing.	déar**fainn** (*I would say*)	ní déar**fainn** (*I would not say*)
2nd Pers. Sing.	déar**fá** (*you would say*)	ní déar**fá** (*you would not say*)
3rd Pers. Sing.	déar**fadh** sé/sí (*he/she would say*)	ní déar**fadh** sé/sí (*he/she would not say*)
1st Pers. Pl.	déar**faimis** (*we would say*)	ní déar**faimis** (*we would not say*)
2nd Pers. Pl.	déar**fadh** sibh (*you would say*)	ní déar**fadh** sibh (*you would not say*)
3rd Pers. Pl.	déar**faidís** (*they would say*)	ní déar**faidís** (*they would not say*)

An ndéarfá cúpla focal? (*Would you say a few words?*)
Déarfainn./Ní déarfainn. (*Yes./No.*)
Nach ndéarfá ...? (*Would you not say ...?*)
... go ndéarfá ... (*... that you would say ...*)

Beir (bring, take)

	Affirmative	Negative
1st Pers. Sing.	**bh**éar**fainn** (*I would bring*)	ní **bh**éar**fainn** (*I would not bring*)
2nd Pers. Sing.	**bh**éar**fá** (*you would bring*)	ní **bh**éar**fá** (*you would not bring*)
3rd Pers. Sing.	**bh**éar**fadh** sé/sí (*he/ she would bring*)	ní **bh**éar**fadh** sé/sí (*he/she would not bring*)
1st Pers. Pl.	**bh**éar**faimis** (*we would bring*)	ní **bh**éar**faimis** (*we would not bring*)
2nd Pers. Pl.	**bh**éar**fadh** sibh (*you would bring*)	ní **bh**éar**fadh** sibh (*you would not bring*)
3rd Pers. Pl.	**bh**éar**faidís** (*they would bring*)	ní **bh**éar**faidís** (*they would not bring*)

An mbéarfá leat é? (*Would you bring it with you?*)
Bhéarfainn./Ní bhéarfainn. (*Yes./No.*)
Nach mbéarfá ...? (*Would you not bring ...?*)
... go mbéarfá ... (*... that you would bring ...*)

Bí (be)

	Affirmative	Negative
1st Pers. Sing.	**bh**einn (*I would be*)	ní **bh**einn (*I would not be*)
2nd Pers. Sing.	**bh**eifeá (*you would be*)	ní **bh**eifeá (*you would not be*)
3rd Pers. Sing.	**bh**eadh sé/sí (*he/she would be*)	ní **bh**eadh sé/sí (*he/she would not be*)
1st Pers. Pl.	**bh**eimis (*we would be*)	ní **bh**eimis (*we would not be*)
2nd Pers. Pl.	**bh**eadh sibh (*you would be*)	ní **bh**eadh sibh (*you would not be*)
3rd Pers. Pl.	**bh**eidís (*they would be*)	ní **bh**eidís (*they would not be*)

An mbeifeá míshásta? (*Would you dissatisfied?*)
Bheinn./Ní bheinn. (*Yes./No.*)
Nach mbeifeá ...? (*Would you not be ...?*)
... go mbeifeá ... (*... that you would be ...*)

Clois (hear)

	Affirmative	Negative
1st Pers. Sing.	**ch**lois**finn** (*I would hear*)	ní **ch**lois**finn** (*I would not hear*)
2nd Pers. Sing.	**ch**lois**feá** (*you would hear*)	ní **ch**lois**feá** (*you would not hear*)
3rd Pers. Sing.	**ch**lois**feadh** sé/sí (*he/she would hear*)	ní **ch**lois**feadh** sé/sí (*he/she would not hear*)

(Contd)

	Affirmative	Negative
1st Pers. Pl.	chlois**fimis**	ní chlois**fimis**
	(*we would hear*)	(*we would not hear*)
2nd Pers. Pl.	chlois**feadh** sibh	ní chlois**feadh** sibh
	(*you would hear*)	(*you would not hear*)
3rd Pers. Pl.	chlois**fidís**	ní chlois**fidís**
	(*they would hear*)	(*they would not hear*)

An gcloisfeá an torann? (*Would you hear the noise?*)
Chloisfinn./Ní chloisfinn. (*Yes./No.*)
Nach gcloisfeá ...? (*Would you not hear ...?*)
... go gcloisfeá ... (*... that you would hear ...*)

Déan (do, make)

	Affirmative	Negative
1st Pers. Sing.	dhéan**fainn**	ní dhéan**fainn**
	(*I would do*)	(*I would not do*)
2nd Pers. Sing.	dhéan**fá**	ní dhéan**fá**
	(*you would do*)	(*you would not do*)
3rd Pers. Sing.	dhéan**fadh** sé/sí	ní dhéan**fadh** sé/sí
	(*he/she would do*)	(*he/she would not do*)
1st Pers. Pl.	dhéan**faimis**	ní dhéan**faimis**
	(*we would do*)	(*we would not do*)
2nd Pers. Pl.	dhéan**fadh** sibh	ní dhéan**fadh** sibh
	(*you would do*)	(*you would not do*)
3rd Pers. Pl.	dhéan**faidís**	ní dhéan**faidís**
	(*they would do*)	(*they would not do*)

An ndéanfá é? (*Would you do it?*)
Dhéanfainn./Ní dhéanfainn. (*Yes./No.*)
Nach ndéanfá ...? (*Would you not do ...?*)
... go ndéanfá ... (*... that you would do ...*)

Faigh (get)

	Affirmative	Negative
1st Pers. Sing.	**gh**eobh**ainn** (I would get)	ní **bh**faigh**inn** (I would not get)
2nd Pers. Sing.	**gh**eobh**fá** (you would get)	ní **bh**faigh**feá** (you would not get)
3rd Pers. Sing.	**gh**eobh**adh** sé/sí (he/she would get)	ní **bh**faigh**eadh** sé/sí (he/she would not get)
1st Pers. Pl.	**gh**eobh**aimis** (we would get)	ní **bh**faigh**imis** (we would not get)
2nd Pers. Pl.	**gh**eobh**adh** sibh (you would get)	ní **bh**faigh**eadh** sibh (you would not get)
3rd Pers. Pl.	**gh**eobh**aidís** (they would get)	ní **bh**faigh**idís** (they would not get)

> An bhfaighfeá pá breise? (*Would you get extra pay?*)
> Gheobhainn./Ní bhfaighinn. (*Yes./No.*)
> Nach bhfaighfeá ...? (*Would you not get ...?*)
> ... go bhfaighfeá ... (*... that you would get ...*)

Feic (see)

	Affirmative	Negative
1st Pers. Sing.	**d'**fheic**finn** (I would see)	ní **fh**eic**finn** (I would not see)
2nd Pers. Sing.	**d'**fheic**feá** (you would see)	ní **fh**eic**feá** (you would not see)
3rd Pers. Sing.	**d'**fheic**feadh** sé/sí (he/she would see)	ní **fh**eic**feadh** sé/sí (he/she would not see)
1st Pers. Pl.	**d'**fheic**fimis** (we would see)	ní **fh**eic**fimis** (we would not see)
2nd Pers. Pl.	**d'**fheic**feadh** sibh (you would see)	ní **fh**eic**feadh** sibh (you would not see)
3rd Pers. Pl.	**d'**fheic**fidís** (they would see)	ní **fh**eic**fidís** (they would not see)

An bhfeicfeá í dá mbeadh sí ansin? (*Would you see her if she was there?*)
D'fheicfinn./Ní fheicfinn. (*Yes./No.*)
Nach bhfeicfeá ...? (*Would you not see ...?*)
... go bhfeicfeá ... (*... that you would see ...*)

Ith (eat)

	Affirmative	Negative
1st Pers. Sing.	**d'íosfainn** (*I would eat*)	ní íos**fainn** (*I would not eat*)
2nd Pers. Sing.	**d'íosfá** (*you would eat*)	ní íos**fá** (*you would not eat*)
3rd Pers. Sing.	**d'íosfadh** sé/sí (*he/she would eat*)	ní íos**fadh** sé/sí (*he/she would not eat*)
1st Pers. Pl.	**d'íosfaimis** (*we would eat*)	ní íos**faimis** (*we would not eat*)
2nd Pers. Pl.	**d'íosfadh** sibh (*you would eat*)	ní íos**fadh** sibh (*you would not eat*)
3rd Pers. Pl.	**d'íosfaidís** (*they would eat*)	ní íos**faidís** (*they would not eat*)

An íosfá an bia sin? (*Would you eat that food?*)
D'íosfainn./Ní íosfainn. (*Yes./No.*)
Nach n-íosfá ...? (*Would you not eat ...?*)
... go n-íosfá ... (*... that you would eat ...*)

Tabhair (give)

	Affirmative	Negative
1st Pers. Sing.	**th**abhar**fainn** (*I would give*)	ní **th**abhar**fainn** (*I would not give*)
2nd Pers. Sing.	**th**abhar**fá** (*you would give*)	ní **th**abhar**fá** (*you would not give*)
3rd Pers. Sing.	**th**abhar**fadh** sé/sí (*he/she would give*)	ní **th**abhar**fadh** sé/sí (*he/she would not give*)

	Affirmative	Negative
1st Pers. Pl.	thabhar**faimis** (*we would give*)	ní thabhar**faimis** (*we would not give*)
2nd Pers. Pl.	thabhar**fadh** sibh (*you would give*)	ní thabhar**fadh** sibh (*you would not give*)
3rd Pers. Pl.	thabhar**faidís** (*they would give*)	ní thabhar**faidís** (*they would not give*)

An dtabharfá airgead dó? (*Would you give him money?*)
Thabharfainn./Ní thabharfainn. (*Yes./No.*)
Nach dtabharfá …? (*Would you not give …?*)
… go dtabharfá … (*… that you would give …*)

Tar (come)

	Affirmative	Negative
1st Pers. Sing.	thioc**fainn** (*I would come*)	ní thioc**fainn** (*I would not come*)
2nd Pers. Sing.	thioc**fá** (*you would come*)	ní thioc**fá** (*you would not come*)
3rd Pers. Sing.	thioc**fadh** sé/sí (*he/she would come*)	ní thioc**fadh** sé/sí (*he/she would not come*)
1st Pers. Pl.	thioc**faimis** (*we would come*)	ní thioc**faimis** (*we would not come*)
2nd Pers. Pl.	thioc**fadh** sibh (*you would come*)	ní thioc**fadh** sibh (*you would not come*)
3rd Pers. Pl.	thioc**faidís** (*they would come*)	ní thioc**faidís** (*they would not come*)

An dtiocfá dá mbeadh an t-am agat? (*Would you come if you had the time?*)
Thiocfainn./Ní thiocfainn. (*Yes./No.*)
Nach dtiocfá …? (*Would you not come …?*)
… go dtiocfá … (*… that you would come …*)

Téigh (go)

	Affirmative	Negative
1st Pers. Sing.	rach**ainn** (*I would go*)	ní rach**ainn** (*I would not go*)
2nd Pers. Sing.	rach**fá** (*you would go*)	ní rach**fá** (*you would not go*)
3rd Pers. Sing.	rach**adh** sé/sí (*he/she would go*)	ní rach**adh** sé/sí (*he/she would not go*)
1st Pers. Pl.	rach**aimis** (*we would go*)	ní rach**aimis** (*we would not go*)
2nd Pers. Pl.	rach**adh** sibh (*you would go*)	ní rach**adh** sibh (*you would not go*)
3rd Pers. Pl.	rach**aidís** (*they would go*)	ní rach**aidís** (*they would not go*)

An rachfá ansin i d'aonar? (*Would you go there alone?*)
Rachainn./Ní rachainn. (*Yes./No.*)
Nach rachfá …? (*Would you not go …?*)
… go rachfá … (*… that you would go …*)

Insight: Asking for favours/making requests

The conditional mood is often used when asking a friend or someone you know well for a favour, or when making a request:

An bhfaighfeá toitíní dom? (*Would you get me cigarettes?*)
An ndúnfá an fhuinneog sin, a Chaoimhe? (*Would you close that window, Caoimhe?*)
An osclófá an doras dom, le do thoil? (*Would you open the door for me, please?*)

People normally avoid using the verb when responding to a request where the conditional mood is used:

> An ndéanfá gar dom? *(Would you do me a favour?)*
> Cinnte. Níl mé gnóthach. *(Sure. I'm not busy.)*
> An ndéanfá gar dom? *(Would you do me a favour?)*
> Tá brón orm ach caithfidh mé imeacht anois díreach.
> *(I'm sorry but I have to leave right now.)*

Ba mhaith ...?

The prepositional pronoun **le** is used when making a request using the construction **Ba mhaith ...**:

Ba mhaith liom cupán tae. *(I'd like a cup of tea.)*
Ba mhaith liom pionta, le do thoil. *(I'd like a pint, please.)*

Ar mhaith ...? is used to ask someone if he/she would like something:

Ar mhaith leat gloine fíona? *(Would you like a glass of wine?)*

When answering *yes* or *no*, it is not necessary to use the prepositional pronoun:

Ar mhaith leat deoch? *(Would you like a drink?)*
Ba mhaith./Níor mhaith.

Dá

The conjunction **dá** *(if)* is used with the conditional mood. The initial consonant or vowel of a verb is eclipsed when it follows **dá**.

Dá **mb**eadh go leor airgid agam, cheannóinn é. *(If I had enough money, I would buy it.)*
Dá **n**-osclóidís an caifé ar a hocht, dhéanfaidís níos mó airgid. *(If they would open the café at eight, they would make more money.)*

Mura is the negative form of **dá**. **Mura** also causes eclipsis:

> Mura **m**beadh sí liom, ní rachainn ann. (*If she weren't with me,
> I wouldn't go there.*)
> Mura **n**-imeoidís in am, d'imeodh an bus orthu. (*If they had not
> left on time, they would have missed the bus.*)

Féad

The auxiliary verb **féad** (*be able to*) is often used in the conditional
mood:

> An bhféadfainn labhairt le Seoirse, le do thoil? (*Could I speak to
> Seoirse, please?*)
> An bhféadfá a rá léi go bhfuil mé anseo? (*Could you tell her
> that I'm here?*)
> An bhféadfadh sibh fanacht anseo cúpla nóiméad? (*Could you
> stay here for a few minutes?*)

Test yourself

A Answer each one of these questions in the affirmative (*yes*) and
in the negative (*no*).

1 An ndíolfá é dá bhfaighfeá luach maith air? (*Would you
   sell it if you were to get a good price for it?*)
2 An bhfanfá oíche eile? (*Would you stay another night?*)
3 Ar mhaith leat cupán tae? (*Would you like a cup of tea?*)
4 An dtaispeánfá do chuid oibre di? (*Would you show her
   your work?*)
5 An ionsóidís é, meas tú? (*Would they attack him, do you
   think?*)
6 An ndéarfadh sí aon rud leis? (*Would she say anything to
   him?*)
7 An rachaidís le chéile? (*Would they go together?*)

8 An bhfaigheadh sé pinsean dá n-éireodh sé as a phost? (*Would he get a pension if he were to give up his job?*)

9 An íosfadh sí bia Seapánach? (*Would she eat Japanese food?*)

10 An dtiocfaidís gan an mháthair? (*Would they come without the mother?*)

B Select the correct particle (**an, ní** or **nach**) and the correct form of the verb to fill in the blanks in each sentence.

1 _____ _____ leis arís? Ní imreoinn. (*Would you play with him again? I would not.*)

2 _____ _____ ábalta é a fheiceáil? Bheinn. (*Would you not be able to see it? I would.*)

3 _____ _____ míshásta? Bheadh. (*Would they not be dissatisfied? They would be.*)

4 _____ _____ seans eile? Gheobhainn. (*Wouldn't you get another chance? Yes.*)

5 _____ _____ an guthán ag bualadh? Ní chloisfinn. (*Would you hear the phone ringing? I would not.*)

6 _____ _____ an bia go léir? D'íosfadh. (*Would they eat all the food? They would.*)

7 _____ _____ an bia go léir? Ní íosfadh. (*Would they not eat all the food? They would not.*)

8 _____ _____ ansin i d'aonar? Ní rachainn. (*Would you go there alone? I would not.*)

9 _____ _____ sibh ann le chéile? Rachadh. (*Would you go there together? We would.*)

10 _____ _____ post dó? Thabharfadh. (*Would they give him a job? They would.*)

C Each sentence below is in the affirmative. Write it in the negative.

1 Gheobhainn an leabhar dó. (*I'd get the book for him.*)

2 Thiocfaidís ar ais. (*They would come back.*)

3 D'ólfainn cúpla pionta. (*I'd drink a few pints.*)

4 D'fhanfainn sa bhaile. (*I'd stay at home.*)

5 Déarfainn leo imeacht. (*I'd tell them to leave.*)

6 D'inseoinn an fhírinne. (*I'd tell the truth.*)
7 D'fhoghlaimeodh sé ceacht. (*He'd learn a lesson.*)
8 D'fheicfeadh sé mé. (*He would see me.*)
9 D'íosfadh sí an iomarca. (*She would eat too much.*)
10 Dhíolfaimis go daor as. (*We'd pay dearly for it.*)

D Match each verb in Column One with its English equivalent in Column Two:

Column One

1 thitfeá
2 dhúiseodh sibh
3 cheannóinn
4 an gcloisfidís?
5 ní inseofá
6 tharraingeoidís
7 chosnóinn
8 bheidís
9 bheimis
10 thitfidís
11 nach gcloisfimis?
12 dhéanfá

Column Two

a I would protect
b you would wake up
c you would fall
d they would be
e would they hear?
f they would fall
g you would do/make
h would we not hear?
i they would draw
j we would be
k you would not tell
l I would buy

In context

Read the following passage and answer the questions that follow. The vocabulary box will help you understand what is going on.

Dá mbainfinn an crannchur náisiúnta dhéanfainn cuid mhór rudaí suimiúla. Thabharfainn airgead do gach duine i mo theaghlach. Rachainn ar laethanta saoire agus bheadh mo chuid cairde uile liom. Ansin, cheannóinn teach mór agus gheobhainn carr mór spóirt. D'fhágfainn mo chuid oibre ach chuideoinn le heagraíochtaí carthanachta agus dhéanfainn na rudaí uile nach raibh faill agam a dhéanamh roimhe seo.

1. Change each verb in the passage to the third person plural.
2. Change each verb in the passage to a question form using **an**.
3. Place 'deir sé go...' (*he says that...*) before each verb and change them to the third person singular.

13

The verb 6

In this unit you will learn about
- **The past habitual tense (regular verbs)**
- **The first conjugation**
- **The second conjugation**
- **Questions and answers (all verbs)**
- **The irregular verbs**
- **Avoiding the past habitual**

The past habitual tense (regular verbs)

The past habitual tense is used to express actions that happened habitually or regularly in the past.

The first conjugation

In the first conjugation, the past habitual forms are similar to the conditional mood forms. The only differences are (i) there is no **f** after the root of the verb, as there is in the conditional; (ii) the **f** found in the conditional mood, second person singular is replaced by a **t**;

Conditional mood	Past habitual
d'ól**f**ainn (*I would drink*)	d'ól**ainn** (*I used to drink*)
bhuail**f**idís (*they would strike*)	bhuail**idís** (*they used to strike*)
dhéan**f**á sin (*you would do that*)	dhéan**t**á sin (*you would do that*)

Verbs with a one-syllable root

	Broad consonant	Slender consonant
	Scríobh (*write*)	Buail (*strike*)
1st Pers. Sing.	scríobh**ainn** (*I used to write*)	**bh**uail**inn** (*I used to strike*)
2nd Pers. Sing.	scríobh**tá** (*you used to write*)	**bh**uail**teá** (*you used to strike*)
3rd Pers. Sing.	scríobh**adh** sé/sí (*he/she used to write*)	**bh**uail**eadh** sé/sí (*he/she used to strike*)
1st Pers. Pl.	scríobh**aimis** (*we used to write*)	**bh**uail**imis** (*we used to strike*)
2nd Pers. Pl.	scríobh**adh** sibh (*you used to write*)	**bh**uail**eadh** sibh (*you used to strike*)
3rd Pers. Pl.	scríobh**aidís** (*they used to write*)	**bh**uail**idís** (*they used to strike*)

Verbs beginning with a vowel or f

In the past habitual tense, **d'** is placed in front of verbs beginning with a vowel or **f**. Note, however, that forms with **d'** are not used after **an, ní, nach,** etc:

d'ólainn (*I used to drink*)	**d'**fhanaidís (*They used to wait*)
	but
ní ólainn (*I used not to drink*)	ní fhanaidís (*They used not to wait*)
an óltá? (*Did you use to drink?*)	an bhfanaidís? (*Did they use to wait?*)

	Ól (*drink*)	Fill (*return*)
1st Pers. Sing.	**d'**ól**ainn** (*I used to drink*)	**d'**fhill**inn** (*I used to return*)
2nd Pers. Sing.	**d'**ól**tá** (*you used to drink*)	**d'**fhill**teá** (*you used to return*)

	Ól (drink)	Fill (return)
3rd Pers. Sing.	**d'ól**adh sé/sí (*he/she used to drink*)	**d'fhill**eadh sé/sí (*he/she used to return*)
1st Pers. Pl.	**d'ól**aimis (*we used to drink*)	**d'fhill**imis (*we used to return*)
2nd Pers. Pl.	**d'ól**adh sibh (*you used to drink*)	**d'fhill**eadh sibh (*you used to return*)
3rd Pers. Pl.	**d'ól**aidís (*they used to drink*)	**d'fhill**idís (*they used to return*)

	Pléigh (discuss)	Luigh (liedown)
1st Pers. Sing.	**phl**éinn (*I used to discuss*)	lu**ínn** (*I used to lie down*)
2nd Pers. Sing.	**phl**éiteá (*you used to discuss*)	lu**íteá** (*you used to lie down*)
3rd Pers. Sing.	**phl**éadh sé/sí (*he/she used to discuss*)	lu**íodh** sé/sí (*he/she used lie down*)
1st Pers. Pl.	**phl**éimis (*we used to discuss*)	lu**ímis** (*we used to lie down*)
2nd Pers. Pl.	**phl**éadh sibh (*you used to discuss*)	lu**íodh** sibh (*you used to lie down*)
3rd Pers. Pl.	**phl**éidís (*they used to discuss*)	lu**ídís** (*they used to lie down*)

Verbs with a root containing more than one syllable and ending in -áil

Note how the second person singular is slender in the case of **marcáil** and **sábháil**.

	Marcáil (mark)	Sábháil (save)
1st Pers. Sing.	**mh**arcál**ainn** (*I used to mark*)	**sh**ábhál**ainn** (*I used to save*)
2nd Pers. Sing.	**mh**arcáil**teá** (*you used to mark*)	**sh**ábháil**teá** (*you used to save*)

(Contd)

	Marcáil *(mark)*	Sábháil *(save)*
3rd Pers. Sing.	**mh**arcál**adh** sé/sí *(he/she used to mark)*	**sh**ábhál**adh** sé/sí *(he/she used to save)*
1st Pers. Pl.	**mh**arcál**aimis** *(we used to mark)*	**sh**ábhál**aimis** *(we used to save)*
2nd Pers. Pl.	**mh**arcál**adh** sibh *(you used to mark)*	**sh**ábhál**adh** sibh *(you used to save)*
3rd Pers. Pl.	**mh**arcál**aidís** *(they used to mark)*	**sh**ábhál**aidís** *(they used to save)*

Verbs ending in -áin, -óil and -úir

	Taispeáin *(show)*	Tionóil *(convene)*
1st Pers. Sing.	**th**aispeán**ainn** *(I used to show)*	**th**ionól**ainn** *(I used to convene)*
2nd Pers. Sing.	**th**aispeán**tá** *(you used to show)*	**th**ionól**tá** *(you used to convene)*
3rd Pers. Sing.	**th**aispeán**adh** sé/sí *(he/she used to show)*	**th**ionól**adh** sé/sí *(he/she used to convene)*
1st Pers. Pl.	**th**aispeán**aimis** *(we used to show)*	**th**ionól**aimis** *(we used to convene)*
2nd Pers. Pl.	**th**aispeán**adh** sibh *(you used to show)*	**th**ionól**adh** sibh *(you used to convene)*
2nd Pers. Pl.	**th**aispeán**aidís** *(they used to show)*	**th**ionól**aidís** *(they used to convene)*

Ceiliúir *(celebrate)*

1st Pers. Sing.	**ch**eiliúr**ainn** *(I used to celebrate)*
2nd Pers. Sing.	**ch**eiliúr**tá** *(you used to celebrate)*
3rd Pers. Sing.	**ch**eiliúr**adh** sé/sí *(he/she used to celebrate)*
1st Pers. Pl.	**ch**eiliúr**aimis** *(we used to celebrate)*
2nd Pers. Pl.	**ch**eiliúr**adh** sibh *(you used to celebrate)*
3rd Pers. Pl.	**ch**eiliúr**aidís** *(they used to celebrate)*

The second conjugation

In the second conjugation, the endings in the past habitual tense are different from those of the conditional mood.

Verbs with more than one syllable in their root, ending in -(a)igh

	Broad consonant	Slender consonant
	Gortaigh (*hurt*)	Éirigh (*get up*)
1st Pers. Sing.	**gh**ort**aínn** (*I used to hurt*)	**d'**éir**ínn** (*I used to get up*)
2nd Pers. Sing.	**gh**ort**aíteá** (*you used to hurt*)	**d'**éir**íteá** (*you used to get up*)
3rd Pers. Sing.	**gh**ort**aíodh** sé/sí (*he/she used to hurt*)	**d'**éir**íodh** sé/sí (*he/she used to get up*)
1st Pers. Pl.	**gh**ort**aímis** (*we used to hurt*)	**d'**éir**ímis** (*we used to get up*)
2nd Pers. Pl.	**gh**ort**aíodh** sibh (*you used to hurt*)	**d'**éir**íodh** sibh (*you used to get up*)
3rd Pers. Pl.	**gh**ort**aídís** (*they used to hurt*)	**d'**éir**ídís** (*they used to get up*)

Verbs with more than one syllable in their root, ending in -(a)il, -(a)in, -(a)ir, -(a)is
These verbs shorten when they are conjugated.

	Codail (*sleep*)	Cosain (*protect*)
1st Pers. Sing.	**ch**odl**aínn** (*I used to sleep*)	**ch**osn**aínn** (I used to protect)
2nd Pers. Sing.	**ch**odl**aíteá** (*you used to sleep*)	**ch**osn**aíteá** (*you used to protect*)
3rd Pers. Sing.	**ch**odl**aíodh** sé/sí (*he/she used to sleep*)	**ch**osn**aíodh** sé/sí (*he/she used to protect*)
1st Pers. Pl.	**ch**odl**aímis** (*we used to sleep*)	**ch**osn**aímis** (*we used to protect*)

(Contd)

	Codail (sleep)	Cosain (protect)
2nd Pers. Pl.	**ch**odl**aíodh** sibh (*you used to sleep*)	**ch**osn**aíodh** sibh (*you used to protect*)
3rd Pers. Pl.	**ch**odl**aídís** (*they used to sleep*)	**ch**osn**aídís** (*they used to protect*)

	Imir (play)	Inis (tell)
1st Pers. Sing.	**d'**imr**ínn** (*I used to play*)	**d'**ins**ínn** (*I used to tell*)
2nd Pers. Sing.	**d'**imr**íteá** (*you used to play*)	**d'**ins**íteá** (*you used to tell*)
3rd Pers. Sing.	**d'**imr**íodh** sé/sí (*he/she used to play*)	**d'**ins**íodh** sé/sí (*he/she used to tell*)
1st Pers. Pl.	**d'**imr**ímis** (*we used to play*)	**d'**ins**ímis** (*we used to tell*)
2nd Pers. Pl.	**d'**imr**íodh** sibh (*you used to play*)	**d'**ins**íodh** sibh (*you used to tell*)
3rd Pers. Pl.	**d'**imr**ídís** (*they used to play*)	**d'**ins**ídís** (*they used to tell*)

Some other verbs that do not shorten when they are conjugated

	Fulaing (suffer)	Tarraing (draw)
1st Pers. Sing.	**d'**fhulaing**ínn** (*I used to suffer*)	**th**arraing**ínn** (*I used to draw*)
2nd Pers. Sing.	**d'**fhulaing**íteá** (*you used to suffer*)	**th**arraing**íteá** (*I used to draw*)
3rd Pers. Sing.	**d'**fhulaing**íodh** sé/sí (*he/she used to suffer*)	**th**arraing**íodh** sé/sí (*he/she used to draw*)
1st Pers. Pl.	**d'**fhulaing**ímis** (*we used to suffer*)	**th**arraing**ímis** (*we used to draw*)
2nd Pers. Pl.	**d'**fhulaing**íodh** sibh (*you used to suffer*)	**th**arraing**íodh** sibh (*you used to draw*)
3rd Pers. Pl.	**d'**fhulaing**ídís** (*they used to suffer*)	**th**arraing**ídís** (*they used to draw*)

Questions and answers (all verbs)

▶ To form a question, the particle **an** is placed before verbs (regular and irregular), which eclipses a following consonant.

▶ To make a verb negative, **ní** is used, leniting the following consonants.

▶ Note that **an** and **ní** do not affect a following vowel.

> An **ng**ortaídís a chéile? (*Didn't they use to hurt each other?*)
> **Gh**ortaíodh./Ní **gh**ortaíodh. (*Yes./No.*)
> An éiríteá go luath? (*Did you use to get up early?*)
> **D'**éirínn./Ní éirínn. (*Yes./No.*)

Nach is the negative interrogative particle. Initial consonants *and vowels* are eclipsed when they follow **nach**.

> Nach **g**cosnaíteá iad? (*Didn't you use to protect them?*)
> Nach **n-**insíodh sí dó? (*Didn't she use to tell him?*)

Insight: Pronouns in answers to *yes/no* questions

Note that the same form of the verb is used to answer *yes* and *no* to questions in each person, apart from the first person singular.

An insíteá an fhírinne? (*Didn't you use to tell the truth?*)
D'insínn./Ní insínn. (*Yes./No.*)
An insíodh sé an fhírinne? (*Didn't he use to tell the truth?*)
D'insíodh./Ní insíodh. (*Yes./No.*)
An insíodh sibh an fhírinne? (*Didn't you use to tell the truth?*)
D'insíodh./Ní insíodh. (*Yes./No.*)
An insídís an fhírinne? (*Didn't they use to tell the truth?*)
D'insíodh./Ní insíodh. (*Yes./No.*)

The irregular verbs

Abair (say)

Note that, unlike all other verbs, **ní** does not lenite in the case of this verb.

	Affirmative	Negative
1st Pers. Sing.	deir**inn** (*I used to say*)	ní deir**inn** (*I didn't use to say*)
2nd Pers. Sing.	deir**teá** (*you used to say*)	ní deir**teá** (*you didn't use to say*)
3rd Pers. Sing.	deir**eadh** sé/sí (*he/she used to say*)	ní deir**eadh** sé/sí (*he/she didn't use to say*)
1st Pers. Pl.	deir**imis** (*we used to say*)	ní deir**imis** (*we didn't use to say*)
2nd Pers. Pl.	deir**eadh** sibh (*you used to say*)	ní deir**eadh** sibh (*you didn't use to say*)
3rd Pers. Pl.	deir**idís** (*they used to say*)	ní deir**idís** (*they didn't use to say*)

An ndeirteá leo é? (*Did you use to say it to them?*)
Deirinn./Ní deirinn. (*Yes./No.*)
Nach ndeirteá ...? (*Didn't you use to say ...?*)
... go ndeirteá ... (*... that you used to say ...*)

Beir (bring, take)

1st Pers. Sing.	**bh**eir**inn** (*I used to bring*)
2nd Pers. Sing.	**bh**eir**teá** (*you used to bring*)
3rd Pers. Sing.	**bh**eir**eadh** sé/sí (*he/she used to bring*)
1st Pers. Pl.	**bh**eir**imis** (*we used to bring*)
2nd Pers. Pl.	**bh**eir**eadh** sibh (*you used to bring*)
3rd Pers. Pl.	**bh**eir**idís** (*they used to bring*)

An mbeirteá leat é? (*Did you use to bring it with you?*)
Bheirinn./Ní bheirinn. (*Yes./No.*)
Nach mbeirteá ...? (*Didn't you use to bring ...?*)
... go mbeirteá ... (*... that you used to bring ...*)

Bí (be)

1st Pers. Sing.	**bhínn** (*I used to be*)
2nd Pers. Sing.	**bhíteá** (*you used to be*)
3rd Pers. Sing.	**bhíodh** sé/sí (*he/she used to be*)
1st Pers. Pl.	**bhímis** (*we used to be*)
2nd Pers. Pl.	**bhíodh** sibh (*you used to be*)
3rd Pers. Pl.	**bhídís** (*they used to be*)

An mbíteá ann go minic? (*Did you use to be there often?*)
Bhínn./Ní bhínn. (*Yes./No.*)
Nach mbíteá ...? (*Didn't you use to be ...?*)
... go mbíteá ... (*... that you used to be ...*)

Clois (hear)

1st Pers. Sing.	**ch**lois**inn** (*I used to hear*)
2nd Pers. Sing.	**ch**lois**teá** (*you used to hear*)
3rd Pers. Sing.	**ch**lois**eadh** sé/sí (*he/she used to hear*)
1st Pers. Pl.	**ch**lois**imis** (*we used to hear*)
2nd Pers. Pl.	**ch**lois**eadh** sibh (*you used to hear*)
3rd Pers. Pl.	**ch**lois**idís** (*they used to hear*)

An gcloisteá an torann? (*Did you use to hear the noise?*)
Chloisinn./Ní chloisinn. (*Yes./No.*)
Nach gcloisteá ...? (*Didn't you use to hear ...?*)
... go gcloisteá ... (*... that you used to hear ...*)

Déan (do, make)

1st Pers. Sing.	**dh**éan**ainn** (*I used to do*)
2nd Pers. Sing.	**dh**éan**tá** (*you used to do*)
3rd Pers. Sing.	**dh**éan**adh** sé/sí (*he/she used to do*)

1st Pers. Pl.	**dhé**an**aimis** (*we used to do*)
2nd Pers. Pl.	**dhé**an**adh** sibh (*you used to do*)
3rd Pers. Pl.	**dhé**an**aidís** (*they used to do*)

An ndéantá é? (*Did you use to do it?*)
Dhéanainn./Ní dhéanainn. (*Yes./No.*)
Nach ndéantá …? (*Didn't you use to do …?*)
… go ndéantá … (*… that you used to do …*)

Faigh (get)

1st Pers. Sing.	**d'fh**aigh**inn** (*I used to get*)
2nd Pers. Sing.	**d'fh**aigh**teá** (*you used to get*)
3rd Pers. Sing.	**d'fh**aigh**eadh** sé/sí (*he/she used to get*)
1st Pers. Pl.	**d'fh**aigh**imis** (*we used to get*)
2nd Pers. Pl.	**d'fh**aigh**eadh** sibh (*you used to get*)
3rd Pers. Pl.	**d'fh**aigh**idís** (*they used to get*)

An bhfaighteá pá breise? (*Did you use to get extra pay?*)
D'fhaighinn./Ní fhaighinn. (*Yes./No.*)
Nach bhfaighteá …? (*Didn't you use to get …?*)
… go bhfaighteá … (*… that you used to get …*)

Feic (see)

1st Pers. Sing.	**d'fh**eic**inn** (*I used to see*)
2nd Pers. Sing.	**d'fh**eic**teá** (*you used to see*)
3rd Pers. Sing.	**d'fh**eic**eadh** sé/sí (*he/she used to see*)
1st Pers. Pl.	**d'fh**eic**imis** (*we used to see*)
2nd Pers. Pl.	**d'fh**eic**eadh** sibh (*you used to see*)
3rd Pers. Pl.	**d'fh**eic**idís** (*they used to see*)

An bhfeicteá é go minic? (*Did you use to see him often?*)
D'fheicinn./Ní fheicinn. (*Yes./No.*)
Nach bhfeicteá …? (*Didn't you use to see …?*)
… go bhfeicteá … (*… that you used to see …*)

Ith (eat)

1st Pers. Sing.	**d'**ith**inn** (*I used to eat*)
2nd Pers. Sing.	**d'**it**eá** (*you used to eat*)
3rd Pers. Sing.	**d'**ith**eadh** sé/sí (*he/she used to eat*)
1st Pers. Pl.	**d'**ith**imis** (*we used to eat*)
2nd Pers. Pl.	**d'**ith**eadh** sibh (*you used to eat*)
3rd Pers. Pl.	**d'**ith**idís** (*they used to eat*)

An iteá an bia sin? (*Did you use to eat that food?*)
D'ithinn./Ní ithinn. (*Yes./No.*)
Nach n-iteá ...? (*Didn't you use to eat ...?*)
... go n-iteá ... (*... that you used to eat ...*)

Tabhair (give)

1st Pers. Sing.	**th**ug**ainn** (*I used to give*)
2nd Pers. Sing.	**th**ug**tá** (*you used to give*)
3rd Pers. Sing.	**th**ug**adh** sé/sí (*he/she used to give*)
1st Pers. Pl.	**th**ug**aimis** (*we used to give*)
2nd Pers. Pl.	**th**ug**adh** sibh (*you used to give*)
3rd Pers. Pl.	**th**ug**aidís** (*they used to give*)

An dtugtá obair di? (*Did you use to give her work?*)
Thugainn./Ní thugainn. (*Yes./No.*)
Nach dtugtá ...? (*Didn't you use to give ...?*)
... go dtugtá ... (*... that you used to give ...*)

Tar (come)

1st Pers. Sing.	**th**ag**ainn** (*I used to come*)
2nd Pers. Sing.	**th**ag**tá** (*you used to come*)
3rd Pers. Sing.	**th**ag**adh** sé/sí (*he/she used to come*)
1st Pers. Pl.	**th**ag**aimis** (*we used to come*)
2nd Pers. Pl.	**th**ag**adh** sibh (*you used to come*)
3rd Pers. Pl.	**th**ag**aidís** (*they used to come*)

> An dtagtá anseo gach seachtain? (*Did you use to come here every week?*)
> Thagainn./Ní thagainn. (*Yes./No.*)
> Nach dtagtá ...? (*Didn't you use to come ...?*)
> ... go dtagtá ... (*... that you used to come ...*)

Téigh (go)

1st Pers. Sing.	**th**é**inn** (*I used to go*)
2nd Pers. Sing.	**th**é**iteá** (*you used to go*)
3rd Pers. Sing.	**th**é**adh** sé/sí (*he/she used to go*)
1st Pers. Pl.	**th**é**imis** (*we used to go*)
2nd Pers. Pl.	**th**é**adh** sibh (*you used to go*)
3rd Pers. Pl.	**th**é**idís** (*they used to go*)

> An dtéiteá ansin i d'aonar? (*Did you use to go there alone?*)
> Théinn./Ní théinn. (*Yes./No.*)
> Nach dtéiteá ...? (*Didn't you use to go ...?*)
> ... go dtéiteá ... (*... that you used to go ...*)

Avoiding the past habitual

In Ulster Irish, the construction **ba ghnách** + the prepositional pronoun **le** + the verbal noun is usually used instead of the past habitual:

> Ba ghnách liom dul ansin agus mé óg. (*I used to go there when I was young.*)
> Ar ghnách leat fanacht san óstán? (*Did you use to stay in the hotel?*)

Test yourself

A Answer each one of these questions in the affirmative (*yes*) and in the negative (*no*).

1 An scríobhtá chuige go minic? (*Did you use to write to him often?*)
2 An mbuaileadh an múinteoir iad gach lá? (*Did the teacher use to beat them every day?*)
3 An óladh sibh an iomarca? (*Did you use to drink too much?*)
4 An ólaidís poitín sa cheantar sin? (*Did they use to drink poitín in that area?*)
5 An bhfillidís ag tús an tsamhraidh? (*Did they use to return at the beginning of summer?*)
6 An ndeireadh sí aon rud? (*Did she use to say anything?*)
7 An marcálaidís na scrúduithe thar oíche? (*Did they use to mark the exams overnight?*)
8 An sábháladh sibh mórán airgid? (*Did you use to save much money?*)
9 An ngortaíodh na páistí móra tú? (*Did the big children use to hurt you?*)
10 An éiríteá go luath? (*Did you use to get up early?*)

B Select the correct particle (**an, ní** or **nach**) and the correct form of the verb to go in the blanks in each sentence.

1 _____ _____ leis gach lá? Ní imrínn. (*Did you use to play with him every day? No.*)
2 _____ _____ sibh an cheist sin go minic? Phléadh. (*Did you often use to discuss that question? Yes.*)
3 _____ _____ sí na freagraí dó, meas tú? Thaispeánadh. (*Did she use to show him the answers, do you think? Yes.*)
4 _____ _____ riamh é? Ghortaínn. (*Did you ever use to hurt him? Yes.*)
5 _____ _____ go moch ar maidin? Ní éiríodh. (*Did they use to get up early in the morning? No.*)

6 _____ _____ go moch ar maidin? Ní éirídís.
(*Didn't they use to get up early in the morning? No.*)

7 _____ _____ an bheoir go léir? D'óladh. (*Did they use to drink all the beer? Yes.*)

8 _____ _____ an bia ar fad? Ní itheadh. (*Did they use to eat all the food? No.*)

9 _____ _____ na páistí? Ní chosnaíodh. (*Didn't they use to protect the children? No.*)

10 _____ _____ sibh uisce ón tobar? Tharraingíodh. (*Did you use to draw water from the well? Yes.*)

C Each sentence below is in the affirmative. Write it in the negative.

1. D'fhaighinn airgead uaidh. (*I used to get money from him.*)
2. Bhuaileadh sé léi go minic. (*He used to meet her often.*)
3. D'ithinn mo dhinnéar go luath. (*I used to eat my dinner early.*)
4. D'fhanadh sé liom uaireanta. (*He used to stay with me sometimes.*)
5. Théimis ansin gach samhradh. (*We used to go there every summer.*)
6. Scríobhann chuici gach seachtain. (*I used to write to her every week.*)
7. D'fhoghlaimínn na dánta de ghlanmheabhair. (*I used to learn the poems off by heart.*)
8. D'fheiceadh sé mé. (*He used to see me.*)
9. D'óladh sí fíon geal. (*She used to drink white wine.*)
10. D'imrídís galf. (*They used to play golf.*)

D Draw a grid like the one below. Half the verbs in the box are in the conditional mood and the other half are in the past habitual. Place them in the appropriate column.

Conditional mood	Past habitual
_____	_____
_____	_____
_____	_____
_____	_____

In context

Read the following passage and answer the questions that follow.
The vocabulary box will help you understand what is going on.

Nuair a thagadh an deireadh seachtaine thiomáineadh Máire
abhaile ón obair agus dhéanadh sí réidh le himeacht arís. Chuireadh
sí roinnt éadaí i mála agus d'imíodh sé go Baile Átha Cliath.
D'fhanadh sí ag cairde dá cuid ansin agus chaitheadh sí an deireadh
seachtaine leo ag óg agus ag siopadóireacht. Ní bhíodh deifre
abhaile uirthi Dé Domhnaigh. Thagadh sí abhaile ar a sé a chlog
d'amharcadh sí ar an teilifís tamall agus théadh sí a luí go luath.

Vocabulary

deireadh seachtaine (*weekend*), tiomáin (*drive*), imeacht
(*to leave*), roinnt éadaí (*some clothes*), mála (*bag*), ag ól
(*drinking*), ag siopadóireacht (*shopping*), deifre (*hurry*), abhaile
(homewards).

1. Place each verb in the passage in the first person singular.
2. Place each verb in the passage in the first person plural.
3. Place deir sí go.. (*she said that...*) before each verb.

14

The verb 7

In this unit you will learn about
- **The present subjunctive mood**
- **Uses of the subjunctive**
- **Verbal adjectives**
- **Irregular formations**
- **Verbal nouns**
- **Forming verbal nouns**

The present subjunctive mood

Insight

The present subjunctive mood indicates that the speaker
desires something to be true. In English, this is commonly
expressed by the word *May*, e.g. *may you succeed*.

The Irish language has both past and present subjunctives, but we are
going to focus on the latter here since it is the most commonly used.

Go is used before the verb, causing eclipsis. Consonants that follow
nár are lenited but vowels are not affected:

Go **dté** tú slán. (*May you go safely*.)
Nár **chúitítear** do shaothar leat. (*May you not be rewarded for
your effort*.)
Nár agraí Dia air é. (*May God forgive him for it*.)

The first conjugation

	Broad consonant	Slender consonant
	Mol (praise)	Caith (spend)
1st Pers. Sing.	go mol**a** mé (may I praise)	go gcaith**e** mé (may I spend)
2nd Pers. Sing.	go mol**a** tú (may you praise)	go gcaith**e** tú (may you spend)
3rd Pers. Sing.	go mol**a** sé/sí (may he/she praise)	go gcaith**e** sé/sí (may he/she spend)
1st Pers. Pl.	go mol**aimid** (may we praise)	go gcaith**imid** (may we spend)
2nd Pers. Pl.	go mol**a** sibh (may you praise)	go gcaith**e** sibh (may you spend)
3rd Pers. Pl.	go mol**a** siad (may they praise)	go gcaith**e** siad (may they spend)

The second conjugation

	Broad consonant	Slender consonant
	Ceannaigh (buy)	Éirigh (arise)
1st Pers. Sing.	go gceann**aí** mé (may I buy)	go n-éir**í** mé (may I arise)
2nd Pers. Sing.	go gceann**aí** tú (may you buy)	go n-éir**í** tú (may you arise)
3rd Pers. Sing.	go gceann**aí** sé/sí (may he/she buy)	go n-éir**í** sé/sí (may he/she arise)
1st Pers. Pl.	go gceann**aimid** (may we buy)	go n-éir**ímid** (may we arise)
2nd Pers. Pl.	go gceann**aí** sibh (may you buy)	go n-éir**í** sibh (may you arise)
3rd Pers. Pl.	go gceann**aí** siad (may they buy)	go n-éir**í** siad (may they arise)

Uses of the subjunctive

In Irish, the present subjunctive mood is used when (i) greeting
people; (ii) expressing a hope or desire; (iii) responding to a
greeting; (iv) wishing well to someone who is about to embark
on a journey; (v) thanking someone/responding to being thanked;
(vi) wishing newly-weds well; (vii) congratulating someone; (viii)
referring to a dead person; (ix) expressing surprise; (x) praying.

(i) Greeting people

Go mbeannaí Dia duit. (when addressing one person) (*May God
bless you.*)
Go mbeannaí Dia daoibh. (when addressing more than one
person)

(ii) Expressing a hope or desire

Go maire tú an céad. (*May you live to be a hundred.*)
Go mbeirimid beo ar an am seo arís. (*May we live to see this
time next year.*)
Go gcúitítear do shaothar leat. (*May you be rewarded for your
effort.*)
Go gcúití Dia leat é. (*May God reward you for it.*)

(iii) Responding to a greeting

In response to a greeting such as **Nollaig shona duit** (*Happy
Christmas*) or **Athbhliain faoi mhaise duit** (*Happy New Year*),
these sentences are often used:

Gurab amhlaidh duit. (*Same to you.*)
Gurab é duit. (*Same to you.*)

(iv) Wishing well to someone who is about to embark on a journey

Go **dté** tú slán. (*May you go safely.*)
Go **ngnóthaí** Dia duit. (*May God prosper you.*)
Go **soirbhí** Dia duit. (*I wish you Godspeed.*)

(v) Thanking someone/responding to being thanked

Go **raibh** maith agat. (*Thank you.*)
Go **raibh** céad (míle) maith agat. (*Thank you very much.*)
Go **méadaí** Dia do stór. (*May God make you prosperous.*)
Nár lagaí Dia thú. (*May God keep you strong,* lit. *May God not weaken you.*)

In response:

Go **ndéana** (sé) a mhaith duit. (*May it do you good.*)

(vi) Wishing newly-weds well

Go **maire** sibh bhur saol nua. (*May you enjoy your new life.*)

(vii) Congratulating someone

Go **maire** tú is **go gcaithe** tú é. (*May you live to enjoy and wear it.*) (said to someone who has bought new clothes)
Go **maire** tú is **go gcaithe** tú iad. (*May you live to enjoy and wear them.*) (said to someone who has bought new shoes)

(viii) Referring to a dead person

Go **ndéana** Dia trócaire air. (*May God have mercy on him.*)
Ar dheis Dé **go raibh** a anam. (*May his soul be on God's right hand.*)

(ix) Expressing surprise

> **Go sábhála** Dia sinn! (*May God save us!*)
> **Go gcumhdaí** Dia sinn! (*May God save us!*)

(x) Praying

> **Go dtaga** do ríocht. (*Thy kingdom come.*)
> **Go ndéantar** do thoil ar an talamh. (*Thy will be done on earth.*)

Verbal adjectives

The verbal adjective is derived from a verb and is used to express the state or condition of something or someone after a certain act:

Tá an fhuinneog **briste.** (*The window is broken.*)

In Irish, the verbal adjective is formed by adding -ta, -te, -tha, -the, -a, -e, or -fa to the root of the verb.

-ta, -te

Added to verbs that end in -ch, -d, -l, -n, -s:

Broad consonant		Slender consonant	
múch (*extinguish*)	múch**ta** (*extinguished*)	sroich (*reach*)	sroich**te** (*reached*)
stad (*stop*)	stad**ta** (*stopped*)	goid (*steal*)	goid**te** (*stolen*)
mol (*praise*)	mol**ta** (*praised*)	buail (*beat*)	buail**te** (*beaten*)
líon (*fill*)	líon**ta** (*filled*)	roinn (*divide*)	roinn**te** (*divided*)
las (*light*)	las**ta** (*lit*)	bris (*break*)	bris**te** (*broken*)

If the root of the verb ends in a slender -th, the -th is omitted:

caith (*throw*)	**caite** (*thrown*)
ith (*eat*)	**ite** (*eaten*)

If the root of a one-syllable verb ends in **-gh**, the **-gh** is omitted:

léigh *(read)*   **léite** *(read)*
luaigh *(mention)*   **luaite** *(mentioned)*

Exception:

faigh *(get)*   **faighte** *(got)*

-tha, -the

Added to verbs that end in **-b, -c, -g, -m, -p, -r**:

Broad consonant		Slender consonant	
scríob *(scrape)*	scríob**tha** *(scraped)*		
íoc *(pay)*	íoc**tha** *(paid)*	stróic *(tear)*	stróic**the** *(torn)*
póg *(kiss)*	póg**tha** *(kissed)*	lig *(let)*	lig**the** *(let)*
cum (compose)	cum**tha** (composed)	léim (jump)	léim**the** (jumped)
ceap (invent)	ceap**tha** (invented)	scaip (scatter)	scaip**the** (scattered)
cíor *(comb)*	cíor**tha** *(combed)*	beir *(bear)*	beir**the** *(borne)*

Note that some verbs ending in a slender consonant are made broad and **-t(h)a**, rather than **-the,** is added to them:

cuir *(put)*   cur**tha** *(put)*
foghlaim *(learn)*   foghlam**tha** *(learnt)*
siúil *(walk)*   siúl**ta** *(walked)*
taispeáin *(show)*   taispeán**ta** *(shown)*

If a verb with a two-syllable root ends in **-aigh** or **-igh**, the **-gh** is omitted:

Broad consonant		Slender consonant	
ceannaigh (buy)	ceannai**the** (bought)	bail**igh** (gather)	bail**ithe** (gathered)

-a, -e

If a verb ends in **-t**, the verbal adjective is formed by adding **-a** or **-e** to it:

Broad consonant		Slender consonant	
tacht	tacht**a**	scoilt	scoilt**e**
(strangle)	*(strangled)*	*(split)*	*(split)*
cleacht	cleacht**a**	loit	loit**e**
(practise)	*(practised)*	*(hurt)*	*(hurt)*

-fa

If a verb ends in **-bh** or **-mh**, the **-bh** and **-mh** are removed and replaced by **-fa**:

gabh *(catch)*   ga**fa** *(caught)*
scríobh *(write)*   scrío**fa** *(written)*

Irregular formations

abair *(say)*   **ráite** *(said)*
fógair *(advertise)*   **fógartha** *(advertised)*
imir *(play)*   **imeartha** *(played)*
inis *(tell)*   **inste** *(told)*
tabhair *(give)*   **tugtha** *(given)*
tar *(come)*   **tagtha** *(come)*
téigh *(go)*   **dulta** *(gone)*

Verbal nouns

The verbal noun, preceded by **ag**, is used to refer to progressive/continuous action. The English equivalent would be *eating*, *playing*, *running*, etc.

ag obair *(working)*
ag scríobh *(writing)*
ag troid *(fighting)*

When a noun is the direct object of a verbal noun, it is usually in the genitive case:

teach *(a house)*   ag ceannach **an tí** *(buying the house)*
beoir *(beer)*   ag ól **na beorach** *(drinking beer)*

However, when it is *not* preceded by the definite article **an** and is followed by an adjective, it is not in the genitive case:

ag ceannach **an tí mhóir** *(buying the big house)*
but
ag ceannach **teach mór** *(buying a big house)*

In that first example, the verbal noun (**ceannach**) is followed by the definite article **an** + a noun (**teach**) + an adjective (**mór**), therefore the noun and adjective are in the genitive case.

In the second example, however, there is no article, therefore the noun and adjective are not in the genitive case.

The verbal noun also corresponds to the English infinitive marker *to*. When there is no direct object in the sentence, the word order is the same as in English:

> Ba bhreá liom bualadh le Bríd. (*I'd love to meet Bríd.*)
> Ar mhaith leat dul amach? (*Would you like to go out?*)

When there is a direct object, however, the order differs from the English – the direct object comes first, and the verbal noun is preceded by the particle **a**, which lenites:

> Ba mhaith liom **an carr sin a ch**eannach. (lit. *I would like that car to buy.*)

Here are some other examples containing a direct object:

Is mian liom **an scrúdú a dhéanamh**. *(I want to do the examination.)*
Tá fonn orm **dlúthdhiosca a cheannach**. *(I feel like buying a CD.)*

As we saw in Unit 7, a pronoun cannot come directly after a verbal noun – a construction involving the possessive adjective must be used. The correct way of saying *beating me*, therefore, is **do mo bhualadh**, and not **ag bualadh mé**.

Forming verbal nouns

The ending **-adh** or **-eadh** is added to the root of some of the verbs in the first conjugation:

glan *(clean)*   glan**adh** *(cleaning)*
bris *(break)*   bris**eadh** *(breaking)*

In the case of some verbs in the second conjugation ending in **-aigh** or **-igh**, the **-aigh** or **-igh** is removed and replaced by **-ú** or **-iú**:

aistrigh *(translate)*   aistr**iú** *(translating)*
críochnaigh *(finish)*   críoch**nú** *(finishing)*

The following verbs that end in **-aigh** or **-igh** have an irregular verbal noun:

Root	**Verbal noun**
admhaigh *(admit)*	admh**áil** *(admitting)*
ceannaigh *(buy)*	ceann**ach** *(buying)*
cónaigh *(live)*	cóna**í** *(living)*
coinnigh *(keep)*	coinn**eáil** *(keeping)*
cuardaigh *(search)*	cuard**ach** *(searching)*
cuimhnigh *(remember)*	cuimhn**eamh** *(remembering)*
dúisigh *(waken)*	dúis**eacht** *(waking)*

éiligh *(demand)* — éil**eamh** *(demanding)*
éirigh *(get up)* — éir**í** *(getting up)*
eisigh *(issue)* — eis**iúint** *(issuing)*
fiafraigh *(ask)* — fiafra**í** *(asking)*
imigh *(go)* — im**eacht** *(going)*
impigh *(entreat)* — imp**í** *(entreating)*
ionsaigh *(attack)* — ionsa**í** *(attacking)*
sásaigh *(satisfy)* — sás**amh** *(satisfying)*
smaoinigh *(think)* — smaoin**eamh** *(thinking)*
soláthraigh *(supply)* — soláth**air** *(supplying)*

báigh *(drown)* — bá *(drowning)*
brúigh *(push)* — brú *(pushing)*
buaigh *(win)* — bua**chan** *(winning)*
cloígh *(defeat)* — cloí *(defeating)*
cráigh *(torment)* — crá *(tormenting)*
dóigh *(burn)* — dó *(burning)*
glaoigh *(call)* — glao**ch** *(calling)*
guigh *(pray)* — gu**í** *(praying)*
léigh *(read)* — lé**amh** *(reading)*
luigh *(lie down)* — lu**í** *(lying down)*
nigh *(wash)* — n**í** *(washing)*
pléigh *(discuss)* — plé *(discussing)*
suigh *(sit)* — su**í** *(sitting)*
téigh *(heat)* — té**amh** *(heating)*

-t added to the root of the verb:

Root — **Verbal noun**
bagair *(threaten)* — bagair**t** *(threatening)*

Similar verbal forms: bain *(win, cut)*, cogain *(chew)*, cosain *(protect)*, cuimil *(rub)*, díbir *(banish)*, fógair *(advertise, announce)*, freagair *(answer)*, fulaing *(suffer)*, imir *(play)*, labhair *(speak)*, múscail *(waken)*, oscail *(open)*, roinn *(share)*, seachain *(avoid)*, tabhair *(give)*, taispeáin *(show)*, tarraing *(draw)*, tiomáin *(drive)*, tuirling *(descend)*.

-(e)áil

Root	Verbal noun
clois *(hear)*	clois**teáil** *(hearing)*
fág *(leave)*	fág**áil** *(leaving)*
faigh *(get)*	f**áil** *(getting)*
feic *(see)*	feic**eáil** *(seeing)*
gabh *(go, take)*	gabh**áil** *(going, taking)*
tóg *(take, raise, lift)*	tóg**áil** *(taking, raising, lifting)*

-(a)int

Root	Verbal noun
féach *(look)*	féach**aint** *(looking)*
tairg *(offer)*	tairis**cint** *(offering)*
tuig *(understand)*	tuis**cint** *(understanding)*

-(e)amh

Root	Verbal noun
caith *(spend, throw)*	caith**eamh** *(spending, throwing)*
déan *(do)*	déan**amh** *(doing)*
seas *(stand)*	seas**amh** *(standing)*
tuill *(earn)*	tuill**eamh** *(earning)*

-(e)an

Root	Verbal noun
leag *(knock down)*	leag**an** *(knocking down)*
lig *(let)*	lig**ean** *(letting)*
tréig *(abandon)*	tréig**ean** *(abandoning)*

-(i)úint

Root	Verbal noun
creid *(believe)*	creid**iúint** *(believing)*
lean *(follow)*	lean**úint** *(following)*
oil *(rear, train)*	oil**iúint** *(rearing, training)*
oir *(fit, suit)*	oir**iúint** *(fitting, suiting)*

Verbs whose verbal noun is the same as their root:

Root	Verbal noun
aithris *(recite)*	aithris *(reciting)*

Similar verbal forms: amharc *(look)*, at *(swell)*, coimeád *(keep)*, dearmad *(forget)*, díol *(sell)*, éag *(die)*, fás *(grow)*, foghlaim *(learn)*, goid *(steal)*, goin *(wound)*, íoc *(pay)*, leigheas *(cure)*, léim *(jump)*, lorg *(seek)*, marcáil *(mark)*, meas *(estimate, assess)*, ól *(drink)*, robáil *(rob)*, sábháil *(save)*, scoilt *(split)*, scríobh *(write)*, snámh *(swim)*, stad *(stop)*, teagasc *(teach)*, teip *(fail)*, trácht *(mention)*, triail *(try)*, triall *(journey, travel)*, troid *(fight)*, úsáid *(use)*.

Verbs in which the final consonant of the root is broadened:

Root	Verbal noun
braith *(feel)*	br**ath** *(feeling)*
ceangail *(bind)*	ceang**al** *(binding)*
cogair *(whisper)*	cog**ar** *(whispering)*
cuir *(put)*	c**ur** *(putting)*
freastail *(attend)*	freas**tal** *(attending)*
goil *(weep)*	g**ol** *(weeping)*
iompair *(carry)*	iom**par** *(carrying)*
loit *(destroy)*	l**ot** *(destroying)*
siúil *(walk)*	si**úl** *(walking)*
taistil *(travel)*	taist**eal** *(travelling)*
tomhais *(guess, measure)*	tomh**as** *(guessing, measuring)*

Irregular verbal nouns:

Root	Verbal noun
abair *(say)*	**rá** *(saying)*
codail *(sleep)*	cod**ladh** *(sleeping)*
éist *(listen)*	éist**eacht** *(listening)*
fan *(stay)*	fan**acht** *(staying)*
gluais *(move)*	gluais**eacht** *(moving)*
iarr *(ask)*	iar**raidh** *(asking)*
inis *(tell)*	ins**int** *(telling)*
ith *(eat)*	ith**e** *(eating)*

mair (*live*) mair**eachtáil** (*living*)
scread (*scream*) scread**ach** (*screaming*)
seinn (*play*) sein**m** (*playing*)
tabhair (*give*) tabhai**rt** (*giving*)
tar (*come*) **teacht** (*coming*)
téigh (*go*) **dul** (*going*)
tit (*fall*) tit**im** (*falling*)

Test yourself

A Which sentence from the list below would be appropriate in each of the scenarios outlined below?

1 Someone wishes you a happy Christmas.
2 You are greeting one person.
3 Someone is embarking on a journey.
4 You are thanking someone.
5 You respond to someone who thanks you for something you have done for him.
6 You are saying 'Our Father'.
7 You have been told that someone has died.
8 You are congratulating a newly married couple.
9 Your friend shows you the new shoes he has bought.
10 Your sister shows you the new dress she bought at the weekend.

Go mbeannaí Dia duit.
Go ndéana a mhaith duit.
Go maire tú is go gcaithe tú iad.
Go dtaga do ríocht.
Go raibh míle maith agat.
Go ndéana Dia trócaire air.
Gurab amhlaidh duit.
Go maire tú is go gcaithe tú é.
Go dté tú slán.
Go maire sibh bhur saol nua.

B Supply the verbal adjective of each verb.

1	mol (*praise*)	11	faigh (*get*)
2	bris (*break*)	12	ceannaigh (*buy*)
3	ith (*eat*)	13	scríobh (*write*)
4	póg (*kiss*)	14	abair (*say*)
5	léim (*jump*)	15	íoc (*pay*)
6	siúil (*walk*)	16	cíor (*comb*)
7	tar (*come*)	17	léigh (*read*)
8	fógair (*advertise*)	18	caith (*throw*)
9	taispeáin (*show*)	19	buail (*beat*)
10	múch (*extinguish*)	20	imir (*play*)

C Supply the verbal noun in the case of each of these verbs.

1	seinn (*play*)	ag ...
2	codail (*sleep*)	ag ...
3	fág (*leave*)	ag ...
4	tuig (*understand*)	ag ...
5	buaigh (*win*)	ag ...
6	éirigh (*get up*)	ag ...
7	tiomáin (*drive*)	ag ...
8	scríobh (*write*)	ag ...
9	tit (*fall*)	ag ...
10	teip (*fail*)	ag ...
11	cuir (*put*)	ag ...
12	clois (*hear*)	ag ...
13	cosain (*protect*)	ag ...
14	úsáid (*use*)	ag ...
15	taistil (*travel*)	ag ...
16	lig (*let*)	ag ...
17	freastail (*attend*)	ag ...
18	lean (*follow*)	ag ...
19	seachain (*avoid*)	ag ...
20	leag (*knock down*)	ag ...

In context

Read the following conversation and answer the questions that
follow. The vocabulary box will help you understand what is
going on.

Máirtín: Go mbeannaí Dia duit ar maidin, a Mháire. An bhfuil do
chuid oibre déanta agat go fóill? Tá mise ag imeacht gan mhoill
agus tá mé ag déanamh na socruithe.

Máire: Go sábhála Dia muid. An bhfuil an t-am sin tagtha cheana
féin? Níl mo chuid oibre críochnaithe go fóill ach tá mé ag léamh
na gcáipéisí anois. Tá Caoimhe ag iarraidh an eolais roimh a trí.
An bhfuil do lón ite agat go fóill?

Máirtín: Níl agus ní iosfaidh mé anois é. An bhfuil lón ceannaithe
agat féin nó thig leat seo a ghlacadh?

Máire: Go méadaí Dia do stór nó tá mo lón dearmadta agam. Tá
súil agam go mbeidh an t-am agam é a ithe.

Vocabulary

go fóill (yet), gan mhoill (soon), socruithe (arrangements),
cáipéisí (documents), eolas (information), lón (lunch), dearmad
(forget).

---

1. Make a list of all of the subjunctive forms in the passage. Can
   you give the stem of each of the verbs?
2. Make a list of all the verbal adjectives in the passage. Can you
   give the stem of each of the verbs?
3. Make a list of all the verbal nouns in the passage. Can you
   give the stem of each of the verbs?

15

....

The verb 8

In this unit you will learn about
- **The copula** is: **general**
- **The copula in the present tense**
- **The copula** is: **questions and answers**
- **The copula in the past tense and conditional mood**
- **Questions and answers in the past tense and conditional mood**

The copula is: **general**

The copula **is** in Irish corresponds to some uses of the English verb *to be*. **Is** is usually used to refer to permanent qualities.

Tá, on the other hand, is mostly used to refer to temporary qualities and to say where something is or to refer to the state it is in.

Is	Tá
Is dochtúir í. (*She's a doctor.*)	Tá an lá go deas. (*It's a nice day.*)
Is mise Brian. (*I am Brian.*)	Tá post maith agam. (*I have a good job.*)

Is is used:

a in classification sentences:

> Is Éireannach é. (*He is an Irish person.*)

b in identification sentences:

> Is í Mairéad an rúnaí. (*Mairéad is the secretary.*)

c with the preposition **le** to refer to ownership:

> Is le Diarmaid an carr dearg sin. (*That red car belongs to Diarmaid.*)

d to add emphasis:

> Is uaimse a fhaigheann sé an t-airgead. (*It's me he gets the money from.*)

The copula in the present tense

	Affirmative	Negative	Interrogative Affirmative	Negative
Dependent	is gur gurb*	ní nach	an	nach

* Often used before a vowel. Note, however, that **gur** is used before a noun with an initial vowel, e.g. Dúirt sí gur Astrálach é. (*She said that he is an Australian.*)

> Is bean álainn í. (*She is a lovely woman.*)
> Ní duine deas é. (*He is not a nice man.*)
> An múinteoirí iad? (*Are they teachers?*)
> Nach Francach é? (*Is he not a Frenchman?*)
>
> Cloisim gur dochtúir maith í. (*I hear that she's a good doctor.*)
> Deir siad gurb é an duine is fearr sa rang é. (*They say that he is the best person in the class.*)
>
> Cloisim nach é an duine is cliste ar domhan é. (*I hear he's not the cleverest person on earth.*)
> Deir siad nach múinteoir é. (*They say he is not a teacher.*)

Ní prefixes **h** to the pronouns **é**, **í**, **iad**, and **ea**, and to adjectives:

> Ní **hí** Doireann an duine is sine. (*Doireann is not the eldest.*)
> An Iodálach é? Ní **hea**. (*Is he an Italian? No.*)
> Ní **haoibhinn** beatha an scoláire. (*The scholar's life is not blissful.*)

The copula *is*: questions and answers

a When a pronoun follows the interrogative form of the copula
(**an** or **nach**), the answer must contain a pronoun (usually the
same one):

> An í Aoife an duine is óige? (*Is Aoife the youngest?*)
> Is í. (*She is.*)
> An iadsan na daoine a luaigh tú liom aréir? (*Are they the
>   people that you mentioned to me last night?*)
> Is iad. (*The are.*)
> (Note: The emphatic form of the pronoun (**mise, tusa,
>   eisean**, etc.) cannot be used in the answer.)

b When a noun comes between **an** or **nach** and the pronoun,
however, **is ea/ní hea** are used in the answer:

> An meicneoir é Tomás? (*Is Tomás a mechanic?*)
> Is ea. (*Yes.*)
> An Sasanach í Bernie? (*Is Bernie an Englishwoman?*)
> Ní hea – is Albanach í. (*No – she is a Scottishwoman.*)

c When a prepositional pronoun (e.g. **agat(sa)**, **dúinn(e)**, **leat(sa)**)
comes directly after **an** or **nach**, the same prepositional pronoun
is included in the answer:

> An agatsa atá mo pheann? (*Do you have my pen?*)
> Ní agam. (*No.*)
> Nach dósan a thugtar an t-airgead? (*Is the money not given
>   to him?*)
>   (*Contd*)

Is dó. (*Yes.*)
(Note: The emphatic form of the prepositional pronoun
cannot be used in the answer.)

d When an adjective comes directly after **an** or **nach**, the same
adjective is included in the answer:

Nach deas an lá é! (*Isn't it a nice day*!)
Is deas. (*Yes.*)
Nach iontach an scéal é sin! (*Isn't that a great story!*)
Is iontach, go deimhin. (*It is indeed.*)

The copula in the past tense and conditional mood

Present tense	Past tense and conditional mood	
	(before consonant and before **fl-**, **fr-**)	(before a vowel and before **f** + vowel)
is	ba	b'
ní	níor	níorbh
an	ar	arbh
nach	nár	nárbh
gur(b)	gur	gurbh

All the past tense and conditional forms cause lenition in a
following consonant where lenition is possible:

Ba **dh**uine aclaí é uair amháin. (*He was once a fit person.*)
Ba **fh**reagra maith é. (*It was a good answer.*)
Níor **mh**áthair rómhaith í. (*She wasn't a very good mother.*)
Ar **mh**áthair mhaith í? (*Was she a good mother?*)
Nár **mh**ac léinn anseo é? (*Was he not a student here?*)
Chuala mé gur **dh**rochdhuine é. (*I heard he was a bad person.*)

Note that **ba** is the form of the copula used before all the pronouns
in the past tense:

Ba í Síle ab óige. (*Síle was the youngest.*)
Ba iad na páistí a chonaic é. (*It was the children who saw him.*)

Before a vowel and before f + vowel

B'iontach an scannán é. (*It was a great film.*)
B'ait an duine í. (*She was a strange person.*)

Níorbh athair rómhaith é. (*He wasn't a very good father.*)
Níorbh eol dó go raibh sí anseo. (*He didn't know that she was here.*)

Arbh eisean an duine ab óige? (*Was he the youngest?*)
Arbh eolaí é? (*Was he a scientist?*)

Nárbh eisean an duine a rinne an obair? (*Wasn't he the one who did the work?*)
Nárbh iontach an lá é! (*Wasn't it a great day!*)

Deir Bríd gurbh éigean do Shéamas imeacht. (*Bríd says that Séamas had to leave.*)
Mheas mé i gcónaí gurbh eolaí é. (*I always thought he was a scientist.*)

Níorbh **fh**éidir leis teacht. (*He couldn't come.*)
Arbh **fh**earr leat pionta? (*Would you prefer a pint?*)

....

Insight: Questions and answers in the past tense and conditional mood

Arbh í Caoimhe an duine ab óige? (*Was Caoimhe the youngest?*)
Ba í./Níorbh í. (*Yes./No.*)

Ar **dh**uine deas é? (*Was he a nice person?*)
Ba ea./Níorbh ea. (*Yes./No.*)

Nárbh **fh**earr duit bheith i do chónaí anseo? (*Would it not be better for you to live here?*)
B'fhearr./Níorbh fhearr. (*Yes./No.*)

....

Test yourself

A Supply the appropriate form of the copula (present tense) in each sentence below.

   1 Deir sé _____ amhránaí maith í. (*He says that she is a good singer.*)
   2 _____ deirfiúracha iad? (*Are they sisters?*)
   3 _____ duine deas é Seoirse? (*Is Seoirse not a nice person?*)
   4 Cloisim _____ í Síle atá ceaptha mar bhainisteoir. (*I hear that it is Síle who has been appointed manager.*)
   5 _____ iadsan a dhéanann an obair go léir. (*It is they who do all the work.*)
   6 Deir Dónall _____ fear róchairdiúil é an múinteoir nua. (*Dónall says that the new teacher is not a very friendly man.*)
   7 Deir Seosaimhín _____ duine fial é Eoin. (*Seosaimhín says that Eoin is a generous person.*)
   8 _____ cairde iad a thuilleadh? (*Are they not friends any more?*)
   9 _____ ceoltóir rómhaith é Tomás. (*Tomás is not a very good musician.*)
   10 Deirtear _____ iad Ciarán agus Gearóid an bheirt is fearr sa rang. (*It is said that Ciarán and Gearóid are the best in the class.*)

B Answer each one of these questions in the affirmative (*yes*) and in the negative (*no*).

   1 An í Deirdre an cailín is sine sa chlann? (*Is Deirdre the eldest in the family?*)
   2 Nach dochtúir í Siobhán? (*Is Siobhán not a doctor?*)
   3 An chugatsa a chuireann daoine an t-airgead? (*Do people send the money to you?*)
   4 Nach breá an t-amhrán é sin! (*Isn't that a fine song!*)
   5 An freastalaithe iad an bheirt sin? (*Are those two waiters?*)

6 An iad an bheirt sin na ceoltóirí is fearr leat? (*Are those two the musicians you like best?*)

7 An amhránaí maith é? (*Is he a good singer?*)

8 An aoibhinn beatha an scoláire, dar leatsa? (*Do you think the scholar's life blissful?*)

9 An dósan a thabharfaidh mé an seic? (*Is it to him I'll give the cheque?*)

10 An mac léinn tú? (*Are you a student?*)

11 An tusa an duine is óige sa chlann? (*Are you the youngest in the family?*)

12 An é Caoimhín an duine is fearr? (*Is Caoimhín the best?*)

C Change each sentence from the present tense to the past tense.

1 Is bean dheas í. (*She's a nice woman.*)

2 An duine díograiseach é? (*Is he a diligent person?*)

3 Is í Síle an rúnaí. (*Síle is the secretary.*)

4 Ní hé Liam a rinne an obair. (*It was not Liam who did the work.*)

5 Is iontach an lá é. (*It's a great day.*)

6 Is deirfiúracha iad Michelle agus Deirdre. (*Michelle and Deirdre are sisters.*)

7 Nach cairde iad an bheirt sin? (*Are those two not friends?*)

8 An é do chara é? (*Is he your friend?*)

9 Is é Breandán a uncail. (*Breandán is his uncle.*)

10 Is fiú duit é a cheannach. (*It's worth your while buying it.*)

In context

Read these descriptions of people and their families and answer the questions that follow. The vocabulary box will help you understand what is going on.

Seán: Is mise Seán agus is múinteoir mé. Is banaltra í mo bhean chéile agus is daltaí scoile iad mo chuid páistí.

Síle: Is mise Síle agus is cigire scoile mé. Is meicneoir é m'fhear céile ach ní maith leis a phost.

Caoimhín: Is í Úna an duine is sine sa teaghlach. Is é Seán an duine is óige ach is é an duine is mó é. Is suimiúil linn an scoil.

Seán: Is é Pádraig mo mhúinteoir. Is é an múinteoir is fearr sa scoil é. Is í bean Uí Mhurchú an príomhoide agus ní maith liom í nó is í an duine is crosta ar domhan í.

Vocabulary

múinteoir (*teacher*), banaltra (*nurse*), bean chéile (*wife*), daltaí scoile (*schoolchildren*), páistí (*children*), cigire scoile (*school inspector*), meicneoir (*mechanic*), post (*job*), suimiúil (*interesting*), príomhoide (*head teacher*), crosta (*cross*), ar domhan (*in the world*).

---

1. Make a list of classification sentences in the passage.
2. Make a list of identification sentences in the passage.
3. Make a list of sentences using the copula and an adjective.
4. Put each of the copular sentences in the past tense.

16

The verb 9

In this unit you will learn about
- *Autonomous forms: general*
- *Autonomous forms: regular verbs*
- *The first conjugation*
- *The second conjugation*
- *The irregular verbs*

Autonomous forms: general

The autonomous form of the verb refers to an action without specifying who is carrying out the action:

> Maraítear na céadta ar na bóithre gach bliain. (*Thousands are killed on the roads every year.*)
> Goideadh mála Shíle inné. (*Síle's bag was stolen yesterday.*)

Autonomous forms: regular verbs

Note that autonomous verbs are not lenited in the past tense:

> Dúnadh an doras. (*The door was closed.*)

Regular verbs are only lenited:

a in the conditional mood, affirmative and negative;
b in the past habitual tense, affirmative and negative;
c in the present and future tenses, negative

Mol (*praise*)

Past tense	mol**adh**	níor mol**adh**
Past habitual tense	**mholtaí**	ní **mholtaí**
Present tense	mol**tar**	ní **mholtar**
Future tense	mol**far**	ní **mholfar**
Conditional mood	**mholfaí**	ní **mholfaí**

Initial consonants are lenited after **ní** in all tenses:

> Ní **gh**lantar an teach sin go rómhinic. (*That house is not cleaned too often.*)

Níor is used instead of **ní** in the past tense and does not cause lenition:

> Níor gortaíodh aon duine. (*No one was injured.*)

An is used to form questions in all tenses except the past tense. Initial vowels remain unchanged after **an** but consonants are eclipsed:

> An itear mórán glasraí sa tír seo? (*Are many vegetables eaten in this country?*)
> An **ng**ortaítear mórán daoine ar na bóithre? (*Are many people injured on the roads?*)

Ar is used to form questions in the past tense. Initial vowels and consonants that follow it remain unchanged:

> Ar maraíodh mórán daoine? (*Were many people killed?*)
> Ar óladh an bheoir go léir? (*Was all the beer drunk?*)

The first conjugation

Verbs with a one-syllable root

Broad consonant *glan (clean)*

Past tense	Past habitual	Present tense	Future tense	Conditional
glan**adh**	**gh**lan**taí**	glan**tar**	glan**far**	**gh**lan**faí**
níor glan**adh**	ní **gh**lan**taí**	ní **gh**lan**tar**	ní **gh**lan**far**	ní **gh**lan**faí**
ar glan**adh** ...?	an **ng**lan**taí** ...?	an **ng**lan**tar** ...?	an **ng**lan**far** ...?	an **ng**lan**faí** ...?
gur glan**adh**	go **ng**lan**taí**	go **ng**lan**tar**	go **ng**lan**far**	go **ng**lan**faí**

Slender consonant *caith (throw)*

Past tense	Past habitual	Present tense	Future tense	Conditional
caith**eadh**	**ch**ait**í**	cait**ear**	caith**fear**	**ch**aith**fí**
níor caith**eadh**	ní **ch**ait**í**	ní **ch**ait**ear**	ní **ch**aith**fear**	ní **ch**aith**fí**
ar caith**eadh** ...?	an **gc**ait**í** ...?	an **gc**ait**ear** ...?	an **gc**aith**fear** ...?	an **gc**aith**fí** ...?
gur caith**eadh**	go **gc**ait**í**	go **gc**ait**ear**	go **gc**aith**fear**	go **gc**aith**fí**

Verbs beginning with a vowel or f
fág (leave)

Past tense	Past habitual	Present tense	Future tense	Conditional
fágadh	**d'fh**ágtaí	fágtar	fágfar	**d'**fhágfaí
níor fágadh	ní **fh**ágtaí	ní **fh**ágtar	ní **fh**ágfar	ní **d'**fhágfaí
ar fágadh ...?	an **bh**fágtaí ...?	an **bh**fágtar ...?	an **bh**fágfar ...?	an **bh**fágfaí ...?
gur fágadh	go **bh**fágtaí	go **bh**fágtar	go **bh**fágfar	go **bh**fágfaí

íoc (pay)

Past tense	Past habitual	Present tense	Future tense	Conditional
íoc**adh**	**d'**íoc**taí**	íoc**tar**	íoc**far**	**d'**íoc**faí**
níor íoc**adh**	ní íoc**taí**	ní íoc**tar**	ní íoc**far**	ní íoc**faí**
ar íoc**adh** ...?	an íoc**taí** ...?	an íoc**tar** ...?	an íoc**far** ...?	an íoc**faí**...?
gur íoc**adh**	go **n**-íoc**taí**	go **n**-íoc**tar**	go **n**-íoc**far**	go **n**-íoc**faí**

Verbs with a root containing more than one syllable and ending in -áil

sábhail (save)

Past tense	Past habitual	Present tense	Future tense	Conditional
sábhál**adh**	**sh**ábháil**tí**	sábháil**tear**	sábhál**far**	**sh**ábhál**faí**
níor sábhál**adh**	ní **sh**ábháil**tí**	ní **sh**ábháil**tear**	ní **sh**ábhál**far**	ní **sh**ábhál**faí**
ar sábhál**adh** ...?	an sábháil**tí** ...?	an sábháil**tear** ...?	an sábhál**far** ...?	an sábhál**faí** ...?
gur sábhál**adh**	go sábháil**tí**	go sábháil**tear**	go sábhál**far**	go sábhál**faí**

Verbs ending in -áin, -óil and -úir

taispeáin (show)

Past tense	Past habitual	Present tense	Future tense	Conditional
taispeán**adh**	**th**aispeán**taí**	taispeán**tar**	taispeán**far**	**th**aispeán**faí**
níor taispeán**adh**	ní **th**aispeán**taí**	ní **th**aispeán**tar**	ní **th**aispeán**far**	ní **th**aispeán**faí**
ar taispeán**adh** ...?	an **dt**aispeán**taí** ...?	an **dt**aispeán**tar** ...?	an **dt**aispeán**far** ...?	an **dt**aispeán**faí** ...?
gur taispeán**adh**	go **dt**aispeán**taí**	go **dt**aispeán**tar**	go **dt**aispeán**far**	go **dt**aispeán**faí**

tionóil (convene)

Past tense	Past habitual	Present tense	Future tense	Conditional
tionól**adh**	**th**ionól**taí**	tionól**tar**	tionól**far**	**th**ionól**faí**
níor tionól**adh**	ní **th**ionól**taí**	ní **th**ionól**tar**	ní **th**ionól**far**	ní **th**ionól**faí**
ar tionól**adh** ...?	an **dt**ionól**taí** ...?	an **dt**ionól**tar** ...?	an **dt**ionól**far** ...?	an **dt**ionól**faí** ...?
gur tionól**adh**	go **dt**ionól**taí**	go **dt**ionól**tar**	go **dt**ionól**far**	go **dt**ionól**faí**

ceiliúir (celebrate)

Past tense	Past habitual	Present tense	Future tense	Conditional
ceiliúr**adh**	**ch**eiliúr**taí**	ceiliúr**tar**	ceiliúr**far**	**ch**eiliúr**faí**
níor ceiliúr**adh**	ní **ch**eiliúr**taí**	ní **ch**eiliúr**tar**	ní **ch**eiliúr**far**	ní **ch**eiliúr**faí**
ar ceiliúr**adh** ...?	an **gc**eiliúr**taí** ...?	an **gc**eiliúr**tar** ...?	an **gc**eiliúr**far** ...?	an **gc**eiliúr**faí** ...?
gur ceiliúr**adh**	go **gc**eiliúr**taí**	go **gc**eiliúr**tar**	go **gc**eiliúr**far**	go **gc**eiliúr**faí**

The second conjugation

**Verbs with more than one syllable in their root, ending in
- (a)igh**

Broad consonant *ionsaigh (attack)*

Past tense	Past habitual	Present tense	Future tense	Conditional
ions**aíodh**	d'ionsaití	ionsaítear	ionsófar	d'ionsófaí
níor ions**aíodh**	ní ionsaití	ní ionsaítear	ní ionsófar	ní ionsófaí
ar ionsaíodh ...?	an ionsaití ...?	an ionsaítear ...?	an ionsófar ...?	an ionsófaí ...?
gur ionsaíodh	go n-ionsaití	go n-ionsaítear	go n-ionsófar	go n-ionsófaí

Slender consonant *bailigh (collect)*

Past tense	Past habitual	Present tense	Future tense	Conditional
bailíodh	bhailítí	bailítear	baileofar	bhaileofaí
níor bailíodh	ní bhailítí	ní bhailítear	ní bhaileofar	ní bhaileofaí
ar bailíodh ...?	an mbailítí ...?	an mbailítear ...?	an mbaileofar ...?	an mbaileofaí ...?
gur bailíodh	go mbailítí	go mbailítear	go mbaileofar	go mbaileofaí

Verbs with more than one syllable in their root, ending in -(a)il, -(a)in, -(a)ir, -(a)is.
These verbs lose a vowel or two when they are conjugated.

ceangail (tie)

Past tense	Past habitual	Present tense	Future tense	Conditional
ceanglaíodh	cheanglaítí	ceanglaítear	ceanglófar	cheanglófaí
níor ceanglaíodh	ní cheanglaítí	ní cheanglaítear	ní cheanglófar	ní cheanglófaí
ar ceanglaíodh ...?	an gceanglaítí ...?	an gceanglaítear ...?	an gceanglófar ...?	an gceanglófaí ...?
gur ceanglaíodh	go gceanglaítí	go gceanglaítear	go gceanglófar	go gceanglófaí

cosain (protect)

Past tense	Past habitual	Present tense	Future tense	Conditional
cosnaíodh	chosnaítí	cosnaítear	cosnófar	chosnófaí
níor cosnaíodh	ní chosnaítí	ní chosnaítear	ní chosnófar	ní chosnófaí
ar cosnaíodh ...?	an gcosnaítí ...?	an gcosnaítear ...?	an gcosnófar ...?	an gcosnófaí ...?
gur cosnaíodh	go gcosnaítí	go gcosnaítear	go gcosnófar	go gcosnófaí

imir (play)

Past tense	Past habitual	Present tense	Future tense	Conditional
imr**íodh**	d'imr**ítí**	imr**ítear**	imr**eofar**	d'imr**eofaí**
níor imr**íodh**	ní imr**ítí**	ní imr**ítear**	ní imr**eofar**	ní imr**eofaí**
ar imr**íodh** ...?	an imr**ítí** ...?	an imr**ítear** ...?	an imr**eofar** ...?	an imr**eofaí** ...?
gur imr**íodh**	go **n**-imr**ítí**	go **n**-imr**ítear**	go **n**-imr**eofar**	go **n**-imr**eofaí**

inis (tell)

Past tense	Past habitual	Present tense	Future tense	Conditional
ins**íodh**	d'ins**ítí**	ins**ítear**	ins**eofar**	d'ins**eofaí**
níor ins**íodh**	ní ins**ítí**	ní ins**ítear**	ní ins**eofar**	ní ins**eofaí**
ar ins**íodh** ...?	an ins**ítí** ...?	an ins**ítear** ...?	an ins**eofar** ...?	an ins**eofaí** ...?
gur ins**íodh**	go **n**-ins**ítí**	go **n**-ins**ítear**	go **n**-ins**eofar**	go **n**-ins**eofaí**

Some other verbs that do not lose a vowel when they are conjugated

fulaing (suffer)

Past tense	Past habitual	Present tense	Future tense	Conditional
fulaing**íodh**	d'**fh**ulaing**íti**	fulaing**ítear**	fulaing**eofar**	d'**fh**ulaing**eofaí**
níor fulaing**íodh**	ní **fh**ulaing**íti**	ní **fh**ulaing**ítear**	ní **fh**ulaing**eofar**	ní **fh**ulaing**eofaí**
ar fulaing**íodh** ...?	an **bh**fulaing**íti** ...?	an **bh**fulaing**ítear** ...?	an **bh**fulaing**eofar** ...?	an **bh**fulaing**eofaí** ...?
gur fulaing**íodh**	go **bh**fulaing**íti**	go **bh**fulaing**ítear**	go **bh**fulaing**eofar**	go **bh**fulaing**eofaí**

The irregular verbs

Note that in the past tense **an, ní** and **go** are used with some of the irregular verbs, and **ar, níor** and **gur** with some others.

Abair (say)

Past tense	Past habitual	Present tense	Future tense	Conditional
dúr**adh**	deir**tí**	deir**tear**	déar**far**	déar**faí**
ní dúr**adh**	ní deir**tí**	ní deir**tear**	ní déar**far**	ní déar**faí**
an **nd**úr**adh** ...?	an **nd**eir**tí** ...?	an **nd**eir**tear** ...?	an **nd**éar**far** ...?	an **nd**éar**faí** ...?
go **nd**úr**adh**	go **nd**eir**tí**	go **nd**eir**tear**	go **nd**éar**far**	go **nd**éar**faí**

Beir (bring, take)

Past tense	Past habitual	Present tense	Future tense	Conditional
rug**adh**	**bh**eir**tí**	beir**tear**	béar**far**	**bh**éar**faí**
níor rug**adh**	ní **bh**eir**tí**	ní **bh**eir**tear**	ní **bh**éar**far**	ní **bh**éar**faí**
ar rug**adh** ...?	an **mb**eir**tí** ...?	an **mb**eir**tear** ...?	an **mb**éar**far** ...?	an **mb**éar**faí** ...?
gur rug**adh**	go **mb**eir**tí**	go **mb**eir**tear**	go **mb**éar**far**	go **mb**éar**faí**

Bí (be)

Past tense	Past habitual	Present tense	Future tense	Conditional
bhío**thas**	**bh**í**tí**	bí**tear**	bei**fear**	**bh**ei**fí**
ní rabh**thas**	ní **bh**í**tí**	ní **bh**í**tear**	ní **bh**ei**fear**	ní **bh**ei**fí**
an rabh**thas** ...?	an **mb**í**tí** ...?	an **mb**í**tear** ...?	an **mb**ei**fear** ...?	an **mb**ei**fí** ...?
go rabh**thas**	go **mb**í**tí**	go **mb**í**tear**	go **mb**ei**fear**	go **mb**ei**fí**

Clois (hear)

Past tense	Past habitual	Present tense	Future tense	Conditional
chualathas	**chloistí**	cloistear	cloisfear	chloisfí
níor chualathas	ní chloistí	ní chloistear	ní chloisfear	ní chloisfí
ar chualathas ...?	an gcloistí ...?	an gcloistear ...?	an gcloisfear ...?	an gcloisfí ...?
gur chualathas	go gcloistí	go gcloistear	go gcloisfear	go gcloisfí

Déan (do, make)

Past tense	Past habitual	Present tense	Future tense	Conditional
rinneadh	dhéantaí	déantar	déanfar	dhéanfaí
ní dhearnadh	ní dhéantaí	ní dhéantar	ní dhéanfar	ní dhéanfaí
an ndearnadh ...?	an ndéantaí ...?	an ndéantar ...?	an ndéanfar ...?	an ndéanfaí ...?
go ndearnadh	go ndéantaí	go ndéantar	go ndéanfar	go ndéanfaí

Faigh (get)

Past tense	Past habitual	Present tense	Future tense	Conditional
fuar**thas**	d'**fh**aigh**tí**	faigh**tear**	gheo**far**	**gheo**fa**í**
ní **bhf**uar**thas**	ní **fh**aigh**tí**	ní **fh**aigh**tear**	ní **bhf**aigh**fear**	ní **bhf**aigh**fí**
an **bhf**uar**thas** ...?	an **bhf**aigh**tí** ...?	an **bhf**aigh**tear** ...?	an **bhf**aigh**fear** ...?	an **bhf**aigh**fí** ...?
go **bhf**uar**thas**	go **bhf**aigh**tí**	go **bhf**aigh**tear**	go **bhf**aigh**fear**	go **bhf**aigh**fí**

Feic (see)

Past tense	Past habitual	Present tense	Future tense	Conditional
chonac**thas**	d'**fh**eic**tí**	feic**tear**	feic**fear**	d'**fh**eic**fí**
ní **fh**ac**thas**	ní **fh**eic**tí**	ní **fh**eic**tear**	ní **fh**eic**fear**	ní **fh**eic**fí**
an **bhf**ac**thas** ...?	an **bhf**eic**tí** ...?	an **bhf**eic**tear** ...?	an **bhf**eic**fear** ...?	an **bhf**eic**fí** ...?
go **bhf**ac**thas**	go **bhf**eic**tí**	go **bhf**eic**tear**	go **bhf**eic**fear**	go **bhf**eic**fí**

Ith (eat)

Past tense	Past habitual	Present tense	Future tense	Conditional
ith**eadh**	**d'**it**í**	it**ear**	íos**far**	**d'**íos**faí**
níor ith**eadh**	ní it**í**	ní it**ear**	ní íos**far**	ní íos**faí**
ar ith**eadh** ...?	an it**í** ...?	an it**ear** ...?	an íos**far** ...?	an íos**faí** ...?
gur ith**eadh**	go **n-**it**í**	go **n-**it**ear**	go **n-**íos**far**	go **n-**íos**faí**

Tabhair (give)

Past tense	Past habitual	Present tense	Future tense	Conditional
tug**adh**	**thugtaí**	tug**tar**	tabhar**far**	**th**abhar**faí**
níor tug**adh**	ní **thugtaí**	ní **thugtar**	ní **th**abhar**far**	ní **th**abhar**faí**
ar tug**adh** ...?	an **dtugtaí** ...?	an **dtugtar** ...?	an **dt**abhar**far** ...?	an **dt**abhar**faí** ...?
gur tug**adh**	go **dtugtaí**	go **dtugtar**	go **dt**abhar**far**	go **dt**abhar**faí**

Tar (come)

Past tense	Past habitual	Present tense	Future tense	Conditional
thángthas	thagtaí	tagtar	tiocfar	thiocfaí
níor thángthas	ní thagtaí	ní thagtar	ní thiocfar	ní thiocfaí
ar thángthas ...?	an dtagtaí ...?	an dtagtar ...?	an dtiocfar ...?	an dtiocfaí ...?
gur thángthas	go dtagtaí	go dtagtar	go dtiocfar	go dtiocfaí

Téigh (go)

Past tense	Past habitual	Present tense	Future tense	Conditional
chuathas	théití	téitear	rachfar	rachfaí
ní dheachthas	ní théití	ní théitear	ní rachfar	ní rachfaí
an ndeachthas ...?	an dtéití ...?	an dtéitear ...?	an rachfar ...?	an rachfaí ...?
go ndeachthas	go dtéití	go dtéitear	go rachfar	go rachfaí

Test yourself

A Answer each one of these questions in the affirmative (*yes*) and in the negative (*no*).

1 Ar gortaíodh mórán daoine? (*Were many people injured?*)

2 An nglantar an oifig seo gach lá? (*Is this office cleaned every day?*)

3 An mbaileofar an t-airgead ag deireadh na hoíche? (*Will the money be collected at the end of the night?*)

4 An bhfacthas le tamall anuas é? (*Has he been seen recently?*)

5 An gcloistear ar an raidió mórán anois í? (*Is she heard on the radio much now?*)

6 An ionsófaí é dá rachadh sé ansin? (*Would he be attacked if he went there?*)

7 An ndearnadh botún, meas tú? (*Do you think a mistake was made?*)

8 An íosfar an bia go léir? (*Will all the food be eaten?*)

9 An moltar do dhaoine gan dul ann san oíche? (*Are people advised not to go there at night?*)

10 An dtaispeántaí daoine timpeall an fhoirgnimh? (*Did people use to be shown around the building?*)

11 An rachfar ar aghaidh leis an gcluiche? (*Will the game be proceeded with?*)

12 An íoctaí gach seachtain thú? (*Did you use to be paid every week?*)

B Supply the correct particle (**an** or **ar**) and the correct form of the verb to go in the blanks in each sentence.

1 _____ _____ go maith léi? Níor caitheadh. (*Was she well treated? No.*)

2 _____ _____ cluiche ar an bpáirc sin go minic? Imrítear. (*Is a match often played on that field? Yes.*)

3 _____ _____ aon rud leat? Ní deirtí. (*Did anything use to be said to you? No.*)

4 _____ _____ scéala uaidh le tamall anuas? Ní bhfuarthas. (*Was any news received from him recently? No.*)

5 _____ _____ prátaí sa tír ag an am sin? D'ití. (*Did potatoes use to be eaten in the country at that time? Yes.*)

6 _____ _____ ar an airgead sin a goideadh riamh? Níor thángthas. (*Was that money that was stolen ever found? No.*)

7 _____ _____ iad go minic? D'ionsaítí. (*Did they often use to be attacked? Yes.*)

8 _____ _____ ag deireadh an lae iad? Bailítear. (*Are they collected at the end of the day? Yes.*)

9 _____ _____ dó faoi bhás Nuala? Ní inseofar. (*Will he be told about Nuala's death? No.*)

10 _____ _____ níos mó oibre dá mbeifeá sa ansin? Dhéanfaí. (*Would more work be done if you were there? Yes.*)

11 _____ _____ ciontach é dá mbeadh sé saibhir? Ní bhfaighfí. (*Would he be found guilty if he were rich? No.*)

12 _____ _____ aon aird ar a chuid tuairimí? Ní thugtar. (*Is there any attention paid to his opinions? No.*)

C Draw out a grid like the one below. Place each verb in the appropriate row.

d'ionsófaí	deirtí	ionsófar	níor glanadh	ceiliúrfar
sábháladh	ní bhailítí	ní thaispeánfar	gheofaí	íoctar
ní shábháiltear	fágadh	ní bheifí	ní fhágtar	thugtaí

Past tense	_____	_____	_____
Past habitual	_____	_____	_____
Present tense	_____	_____	_____
Future tense	_____	_____	_____
Conditional	_____	_____	_____

In context

Read the following passages and answer the questions that follow.
The vocabulary box will help you understand what is going on.

a. Cuireadh an cluiche ar ceal aréir. Rinneadh ionsaí ar
dhuine de na himreoirí agus tugadh chun na hotharlainne
é. Gabhadh na daoine a rinne an t-ionsaí agus tugadh go
stáisiún na ngardaí iad.

b. Ceannaítear cuid mhór bronntanas ag an Nollaig. Téitear
thar fóir agus caitear cuid mhór airgid. Déantar cuid
mhór olacháin ach baintear sult as.

c. Tosófar rang Gaeilge an tseachtain seo chugainn.
Teagascfar na ranganna sa halla pobail áitiúil. Cuirfear
fáilte roimh gach duine agus foghlaimeofar cuid mhór.

Vocabulary

cluiche (*game*), cuir ar ceal (*cancel*), ionsaí (*attack*), imreoir
(*player*), otharlann (*hospital*), gabh (*arrest*), stáisiún na ngardaí
(*garda station*), bronntanas (*present*), an Nollaig (*Christmas*),
thar fóir (*over the top*), ólachán (*drinking*), bain sult as (*enjoy*),
rang Gaeilge (*Irish Language class*), halla pobail (*public hall*),
cuir fáilte roimh (*welcome*).

---

1. Give the stem of the verb for each verb in each passage.
2. Make a positive question form out of each verb in the passage.
3. Place the verbs in passage B in the conditional mood.
4. Place the verbs in passage C in the past habitual tense.

17

Cardinal numbers

In this unit you will learn about
- **Cardinal numbers**
- **Nouns after cardinal numbers**
- **Nouns with special plural forms**
- *Déag*

Cardinal numbers

These are used for ordinary, simple counting:

0	a náid		
1	a haon	11	a haon déag
2	a dó	12	a dó dhéag
3	a trí	13	a trí déag
4	a ceathair	14	a ceathair déag
5	a cúig	15	a cúig déag
6	a sé	16	a sé déag
7	a seacht	17	a seacht déag
8	a hocht	18	a hocht déag
9	a naoi	19	a naoi déag
10	a deich	20	fiche
21	fiche a haon	25	fiche a cúig
22	fiche a dó	30	tríocha
23	fiche a trí	31	tríocha a haon
24	fiche a ceathair	32	tríocha a dó

40	ceathracha or daichead	400	ceithre chéad	
50	caoga	500	cúig chéad	
60	seasca	600	sé chéad	
70	seachtó	700	seacht gcéad	
80	ochtó	800		ocht gcéad
90	nócha	900		naoi gcéad
100	céad	1,000		míle
101	céad a haon	2,000		dhá mhíle
110	céad a deich	100,000		céad míle
120	céad a fiche	1,000,000		milliún
200	dhá chéad	1,000,000,000		billiún
300	trí chéad			

Note the use of **is** (shortened from **agus**) and **a**:

trí chéad is fiche (*three hundred and twenty*)
míle is céad (*one thousand, one hundred*)
ceithre mhíle, a haon (*four thousand and one*)
dhá chéad fiche a dó (*two hundred and twenty-two*)

Nouns after cardinal numbers

In Irish, there are two separate systems for counting people and things. This is how you count things – chairs for example:

1	cathaoir amháin	11	aon chathaoir déag
2	dhá chathaoir	12	dhá chathaoir déag
3	trí chathaoir	13	trí chathaoir déag
4	ceithre chathaoir	14	ceithre chathaoir déag
5	cúig chathaoir	15	cúig chathaoir déag
6	sé chathaoir	16	sé chathaoir déag
7	seacht gcathaoir	17	seacht gcathaoir déag
8	ocht gcathaoir	18	ocht gcathaoir déag
9	naoi gcathaoir	19	naoi gcathaoir déag
10	deich gcathaoir	20	fiche cathaoir

Note that:

▶ the nominative singular form of the noun is usually used after the cardinals:

lá (*day*)   **trí lá** (*three days*)

▶ consonants (except l, n and r) are lenited after the numbers 2–6, and consonants (except l, **n, r** and s) and vowels are eclipsed after the numbers 7–10:

	Consonants	*Vowels*
1 all consonants that follow **aon** are lenited, except **d, l, n, s, t**	aon **ch**arr amháin *or* carr amháin (*one car*)	aon óstán amháin (*one hotel*)
2–6 all consonants that follow 2–6 are lenited, except **l, n** and **r**	dhá **ch**arr (*two cars*) cúig **dh**eoch (*five drinks*)	trí óstán (*three hotels*) sé óstán (*six hotels*)
7–10 all consonants that follow 7–10 are eclipsed, except **l, n, r** and **s**; all vowels are eclipsed	seacht **g**carr (*seven cars*) ocht **g**cóta (*eight coats*) deich **g**cathaoir (*ten chairs*)	naoi **n**-oíche (*nine nights*) ocht **n**-óstán (*eight hotels*) deich **n**-oíche (*ten nights*)

▶ the forms **dhá** and **ceithre** are used when counting things:

a dó (*two*)   but   **dhá** oíche (*two nights*)
a ceathair (*four*) but   **ceithre** leabhar (*four books*)

▶ the basic form of the noun is used after numbers that are divisible by ten, starting with **fiche** (twenty), e.g. **tríocha, céad, míle**:

fiche bosca (*twenty boxes*)
céad bord (*one hundred tables*)

▶ the noun **euro** remains unchanged after the cardinal numbers:

ocht euro déag (*eighteen euro*)
seacht euro is fiche (*twenty-seven euro*)

Nouns with special plural forms

A special plural form is used in the case of the nouns below when they are preceded by a cardinal number:

bliain (*year*)

2	3–6	7–10
bhliain	bliana	mbliana

ceann (*one of a category*)

2	3–6	7–10
cheann	cinn	gcinn

uair (*hour or time*)

2	3–6	7–10
uair	huaire	n-uaire

orlach (*inch*)

2	3–6	7–10
orlach	horlaí	n-orlaí

troigh (*foot*)

2	3–6	7–10
throigh	troithe	dtroithe

seachtain (*week*)

2	3–6	7–10
sheachtain	seachtaine	seachtaine

Bhí sé sé troithe agus cúig horlaí. (*He was six feet, five inches.*)
Ní fhaca mé í anois le cúig seachtaine. (*I haven't seen her now in five weeks.*)
Bhí mé sa Fhrainc cúig huaire. (*I was in France five times.*)

Insight: Déag

The word **déag** (*-teen*) is lenited when it is preceded by a noun ending in a vowel:

dhá oíche **dh**éag (*twelve nights*)
sé bhó **dh**éag (*sixteen cows*)
but
dhá bhád déag (*twelve boats*)
seacht gcathaoir déag (*seventeen chairs*)

This rule does not apply, however, in the case of the nouns above which have a special plural form. The form **déag** is always used with them:

trí bliana déag (*thirteen years*)
cúig huaire déag (*fifteen times*)

Test yourself

A Write out these numbers in full.

1 25
2 34
3 61
4 130
5 132
6 580
7 725
8 1,900
9 2,370
10 2,800
11 10,500
12 200,000

B The cost of attending various courses at Oideas Gael, a school for adult learners of Irish in Donegal, is given below. Supply each price in words.

1	GAEILGE/Irish, weekly courses	€ 180 ....
2	GAEILGE/Irish, 3-day weekend courses	€ 90 .....
3	SCOIL SAMHRAIDH I dTEANGA & CULTÚR/Language & Culture Summer School	€ 190 ....
4	SEANDÁLAÍOCHT/Archaeology	€ 150 ....
5	AN BODHRÁN/Bodhrán Playing	€ 55 ....
6	AN FHLIÚIT/Flute & Whistle Playing	€ 75 ....

C Change the words in parentheses if necessary.

1 dhá (carr)
2 cúig (oíche)
3 seacht (bó) (déag)
4 sé (ceann)
5 seacht (ceann)
6 ocht (bliain)
7 trí (bliain)
8 fiche (cathaoir)
9 seacht (siopa)
10 naoi (euro)

D Supply the correct form of **déag** for each of the gaps.

1 dhá charr ....
2 cúig oíche ....
3 seacht n-óstán ....
4 trí bliana ....
5 cúig huaire ....
6 dhá bhó ....
7 ocht seachtaine ....
8 ceithre chathaoir ....
9 sé lá ....
10 trí horlaí ....

In context

Read the following items on a shopping list and answer the
questions that follow. The vocabulary box will help you
understand what is going on.

Éadaí
Geansaí * 3
Léine * 7
Péire bróg * 4
Péire stócaí * 9

Earraí tí
Canna * 12
Píonta bainne * 2
Púdar níocháin * 1
Mála prátaí * 7

Ilchineálach
Cárta * 13
Leabhar * 6
Cathaoir *3
Stampa * 13

Vocabulary

geansaí (*jumper*), léine (*shirt*), péire bróg (*pair of shoes*), péire
stócaí (*pair of socks*), canna (*can*), pionta bainne (*pint of milk*),
púdar níocháin (*washing powder*), mála prátaí (*bag of* potatoes),
cárta (*card*), leabhar (*book*), cathaoir (*chair*), stampa (*stamp*).

---

1. Supply each of the figures above in words making the relevant
changes to the noun.

18

Personal numerals

In this unit you will learn about
- *Counting people*
- *The genitive case*
- *Adjectives*
- *Counting people: summary*

Counting people

Below are the forms used when counting people. Notice that in the case of numbers other than 2–10 and 12 the ordinary cardinal system (for counting things), outlined in Unit 17, is used.

duine amháin (*one person*)   aon duine dhéag (*eleven people*)
beirt (*two people*)   dáréag (*twelve people*)
triúr (*three people*)   trí dhuine dhéag (*thirteen people*)
ceathrar (*four people*)   ceithre dhuine dhéag (*fourteen people*)
cúigear (*five people*)   cúig dhuine dhéag (*fifteen people*)
seisear (*six people*)   sé dhuine dhéag (*sixteen people*)
seachtar (*seven people*)   seacht nduine dhéag (*seventeen people*)
ochtar (*eight people*)   ocht nduine dhéag (*eighteen people*)
naonúr (*nine people*)   naoi nduine dhéag (*nineteen people*)
deichniúr (*ten people*)   fiche duine (*twenty people*)

duine is fiche (*twenty-one people*)
dhá dhuine is fiche (*twenty-two people*)

ceithre dhuine is caoga (*fifty-four people*)
céad duine (*one hundred people*)

The genitive plural is the form of the noun used after **beirt** –
deichniúr and **dáréag**:

ceathrar ceoltóirí (*four musicians*)
cúigear páistí (*four children*)
seisear ban (*six women*)
dáréag múinteoirí (*twelve teachers*)

Insight

If you are unsure what the genitive plural form of a noun
is, have a look in Ó Dónaill's *Foclóir Gaeilge-Béarla* (Irish
English Dictionary).

Note that nouns that have a weak plural have the same form in the
genitive plural and nominative singular:

fear *(a man)*   **triúr fear** *(three men)*

The consonants **b, c, f, g, m** and **p** are lenited when they follow
beirt:

beirt **ch**eoltóirí (*two musicians*)
beirt **fh**ear (*two men*)
but
beirt deartháireacha (*two brothers*)
beirt tráchtairí (*two commentators*)

The consonants **b, c, f, g, m** and **p** are also lenited when they
follow **aon** (*one*). The other consonants and the vowels remain
unchanged:

aon **fh**ear déag (*eleven men*)
aon **mh**úinteoir déag (*eleven teachers*)

but
aon duine dhéag (*eleven people*)
aon amhránaí dhéag (*eleven singers*)

It is important to remember that the word **daoine** (*people*) cannot be used with the personal numerals **beirt–deichniúr** (*two–ten*).

triúr = *three people* (so it is not necessary to use **daoine** with **triúr**)

Remember that the rules for counting (2–10) people and counting things differ in Irish:

Counting people	Counting things
beirt cheoltóirí *(two musicians)*	**dhá theach** *(two houses)*
triúr ceoltóirí *(three musicians)*	**trí theach** *(three houses)*
seachtar ceoltóirí *(seven musicians)*	**seacht dteach** *(seven houses)*

The genitive case

Beirt has a genitive case form: **beirte**. The other personal numerals remain unchanged when followed by a noun:

uirlisí cúigear ceoltóirí (*the instruments of five musicians*)
scoil seisear múinteoirí (*a six-teacher school*)
but
obair na beirte deartháireacha (*the two brothers' work*)
clann na beirte ban (*the two women's children*)

Adjectives

Adjectives that directly follow the personal numerals (apart from **beirt**) are placed in the singular:

an triúr mór (*the three big people*)
an ceathrar suimiúil (*the four interesting people*)
but
an bheirt **mhóra** (*the two big people*)
an bheirt **bhreátha** (*the two fine people*)

Adjectives that follow a personal number and a noun agree with the noun:

triúr tiománaithe óga (*three young drivers*)
cúigear ban deas (*five nice women*)
ochtar fear cáiliúil (*eight famous men*)

Note that adjectives beginning with a consonant are lenited following **beirt** and a noun:

beirt bhan **dh**easa (*two nice women*)
beirt fhear **mh**óra (*two big men*)

Counting people: summary

	The consonants (except **d, s** and **t**)	The consonants **d, s,** and **t**	The vowels
... amháin	duine amháin (*one person*)	deartháir amháin (*one brother*)	iníon amháin (*one daughter*)
beirt: the consonants **b, c, f, g, m** and **p** are lenited when they follow it	beirt **mh**ac (*two sons*)	beirt sagart (*two priests*)	beirt iníonacha (*two daughters*)

(Contd)

	The consonants (except **d, s** and **t**)	The consonants **d, s,** and **t**	The vowels
triúr–deichniúr: consonants and vowels that follow them remain unchanged	triúr ban (*three women*) cúigear múinteoirí (*five teachers*) ochtar banaltraí (*eight nurses*) deichniúr feirmeoirí (*ten farmers*)	triúr deirfiúracha (*three sisters*) cúigear tiománaithe (*five drivers*) ochtar tuairisceoirí (*eight reporters*) deichniúr dochtúirí (*ten doctors*)	iníon amháin (*one daughter*) beirt iníonacha (*two daughters*) triúr iascairí (*three fishermen*) cúigear oifigeach (*five officers*) ochtar amhránaithe (*eight singers*) deichniúr aisteoirí (*ten actors*)

Test yourself

A Place **beirt** and **triúr** before each of these nouns remembering that weak plurals take the same endings as the nominative singular:

1 páistí
2 ceoltóirí
3 amhránaithe
4 dochtúirí
5 iníonacha
6 deartháireacha
7 feirmeoirí
8 mic
9 tiománaithe
10 máithreacha

B Translate the following into Irish:

1 six singers
2 two doctors
3 ten musicians
4 three daughters
5 two sons
6 four teachers
7 seven drivers
8 nine nurses
9 five women
10 ten men

C Match each personal numeral and noun in Column One with their English equivalents in Column Two:

Column One

1 triúr páistí
2 dáréag múinteoirí
3 beirt mhac
4 seisear oifigeach
5 aon dochtúir déag
6 triúr deartháireacha
7 fiche dochtúir
8 cúig amhránaí dhéag
9 cúigear oifigeach
10 ceathrar mac

Column Two

a twelve teachers
b four sons
c five officers
d three brothers
e twenty doctors
f three children
g two sons
h six officers
i fifteen singers
j eleven doctors

In context

Read the following count of different professions in a group and complete the exercise that follows. The vocabulary box will help you understand what is going on.

Múinteoir * 2
Saighdiúir * 12

Banaltra * 4
Meicneoir * 6
Tiománaí * 7
Cigire * 1
Fáilteoir * 2
Péintéir * 9
Dalta scoile * 10
Marcach * 2

Vocabulary

múinteoir (*teacher*), saighdiúir (*soldier*), banaltra (*nurse*),
meicneoir (*mechanic*), tiománaí (*driver*), cigire (*inspector*),
fáilteoir (*receptionist*), péintéir (*painter*), dalta scoile
(*schoolchild*), marcach (*rider*).

1. Write each of the figures above in words making the relevant
   changes to the noun.

19

Ordinal numbers

In this unit you will learn about
- *Ordinal numbers*
- *The months of the year*
- *Dates*

Ordinal numbers

Ordinal numbers are numbers used to describe a position or rank of something or things. They are very regular, with the exception of **an chéad** (*the first*) which lenites following consonants.

	Initial vowels	Consonants (excluding those in the next column)	d, t, s
1st	an chéad alt (*the first paragraph*)	an chéad **bh**liain (*the first year*)	an chéad duine (*the first person*)
2nd	an dara **h**alt (*the second paragraph*)	an dara bliain (*the second year*)	an dara teach (*the second house*)
3rd	an tríú **h**alt (*the third paragraph*)	an tríú bliain (*the third year*)	an tríú séasúr (*the third season*)
4th	an ceathrú **h**alt (*the fourth paragraph*)	an ceathrú bliain (*the fourth year*)	an ceathrú duine (*the fourth person*)
5th	an cúigiú **h**alt (*the fifth paragraph*)	an cúigiú bliain (*the fifth year*)	an cúigiú teach (*the fifth house*)
6th	an séú **h**alt (*the sixth paragraph*)	an séú bliain (*the sixth year*)	an séú séasúr (*the sixth season*)
7th	an seachtú **h**alt (*the seventh paragraph*)	an seachtú bliain (*the seventh year*)	an seachtú duine (*the seventh person*)
8th	an t-ochtú **h**alt (*the eighth paragraph*)	an t-ochtú bliain (*the eighth year*)	an t-ochtú teach (*the eighth house*)
9th	an naoú **h**alt (*the ninth paragraph*)	an naoú bliain (*the ninth year*)	an naoú séasúr (*the ninth season*)
10th	an deichiú halt (*the tenth paragraph*)	an deichiú bliain (*the tenth year*)	an deichiú duine (*the tenth person*)
11th	an t-aonú **h**alt déag (*the eleventh paragraph*)	an t-aonú bliain déag (*the eleventh year*)	an t-aonú teach déag (*the eleventh house*)
12th	an dara/dóú **h**alt déag (*the twelfth paragraph*)	an dara/dóú bliain déag (*the twelfth year*)	an dara/dóú séasúr déag (*the twelfth season*)

(Contd)

	Initial vowels	Consonants (excluding those in the next column)	d, t, s
13th	an tríú **h**alt déag (*the thirteenth paragraph*)	an tríú bliain déag (*the thirteenth year*)	an tríú duine déag (*the thirteenth person*)
14th	an ceathrú **h**alt déag (*the fourteenth paragraph*)	an ceathrú bliain déag (*the fourteenth year*)	an ceathrú teach déag (*the fourteenth house*)
15th	an cúigiú **h**alt déag (*the fifteenth paragraph*)	an cúigiú bliain déag (*the fifteenth year*)	an cúigiú séasúr déag (*the fifteenth season*)
16th	an séú **h**alt déag (*the sixteenth paragraph*)	an séú bliain déag (*the sixteenth year*)	an séú duine déag (*the sixteenth person*)
17th	an seachtú **h**alt déag (*the seventeenth paragraph*)	an seachtú bliain déag (*the seventeenth person*)	an seachtú teach déag (*the seventeenth house*)
18th	an t-ochtú **h**alt déag (*the eighteenth paragraph*)	an t-ochtú bliain déag (*the eighteenth year*)	an t-ochtú séasúr déag (*the eighteenth season*)
19th	an naoú **h**alt déag (*the ninetienth paragraph*)	an naoú bliain déag (*the ninetienth year*)	an naoú duine déag (*the ninetienth person*)
20th	an fichiú **h**alt (*the twentieth paragraph*)	an fichiú bliain (*the twentieth year*)	an fichiú teach (*the twentieth house*)
21st	an t-aonú **h**alt is fiche (*the twenty-first paragraph*)	an t-aonú bliain is fiche (*the twenty-first year*)	an t-aonú séasúr is fiche (*the twenty-first season*)
22nd	an dara/dóú **h**alt is fiche (*the twenty-second paragraph*)	an dara/dóú bliain is fiche (*the twenty-second year*)	an dara/dóú séasúr is fiche (*the twenty-second season*)

30th–100th: (an tríochadú an daicheadú, an caogadú, an seascadú, an seachtódú, an t-ochtódú, an nóchadú, an céadú) halt, bliain, duine

1,000th: an míliú

1,000,000th: an milliúnú

The months of the year

The column on the left shows how the dates are written (on a calendar, for example). In everyday speech, however, people tend to use the noun **mí** (*month*) before the name of the month. Note the different forms of this, below.

Eanáir (*January*)	mí Eanáir
Feabhra (*February*)	mí Feabhra
Márta (*March*)	mí an Mhárta
Aibreán (*April*)	mí Aibreáin
Bealtaine (*May*)	mí na Bealtaine
Meitheamh (*June*)	mí an Mheithimh
Iúil (*July*)	mí Iúil
Lúnasa (*August*)	mí Lúnasa
Meán Fómhair (*September*)	mí Mheán Fómhair
Deireadh Fómhair (*October*)	mí Dheireadh Fómhair
Samhain (*November*)	mí na Samhna
Nollaig (*December*)	mí na Nollag

ag tús **mhí** Eanáir (*at the beginning of January*)
i lár **mhí** na Samhna (*in the middle of November*)
ag deireadh **mhí** Lúnasa (*at the end of August*)
i rith **mhí** an Mhárta (*during March*)

Dates

This is how dates are written in Irish:

8 Feabhra 2013

This is how the dates are said in speech:

1st–10th	*11th–20th*	*21st–31st*
an chéad lá	an t-aonú lá déag	an t-aonú lá is fiche
an dara lá	an dara lá déag	an dara lá is fiche
an tríú lá	an tríú lá déag	an tríú lá is fiche
an ceathrú lá	an ceathrú lá déag	an ceathrú lá is fiche
an cúigiú lá	an cúigiú lá déag	an cúigiú lá is fiche
an séú lá	an séú lá déag	an séú lá is fiche
an seachtú lá	an seachtú lá déag	an seachtú lá is fiche
an t-ochtú lá	an t-ochtú lá déag	an t-ochtú lá is fiche
an naoú lá	an naoú lá déag	an naoú lá is fiche
an deichiú lá	an fichiú lá	an tríochadú lá
		an t-aonú lá is tríocha

Following **ar an** (*on the*), the initial consonant in the ordinal numbers **céad, ceathrú** and **cúigiú** is eclipsed (or lenited in Ulster Irish) where possible:

ar an **g**céad lá de mhí Feabhra (*on the first day of February*)
(Ulster: ar an **ch**éad lá de mhí Feabhra)

Note that the **t-** in **an t-aonú** and **an t-ochtú** is removed following **ar an:**

an **t-**ochtú lá de mhí an Mheithimh (*the eighth of June*)
ar an ochtú lá de mhí an Mheithimh (*on the eighth of June*)

an **t-**aonú lá déag de mhí na Samhna (*the eleventh of November*)
ar an aonú lá déag de mhí na Samhna (*on the eleventh of November*)

Test yourself

A Remove the parentheses around the Irish words and change those words if necessary.

1 Tháinig Máirín sa chéad (áit) sa rás agus Sinéad sa cheathrú (áit). (*Máirín came in first place in the race and Sinéad in fourth place.*)

2 Feicfidh mé ar an (t-ochtú) lá déag thú. (*I'll see you on the eighteenth.*)

3 Bhí sí ansin an chéad (oíche) ach ní fhaca mé an dara (oíche) í. (*She was there the first night but I didn't see her the second night.*)

4 Sin an chéad (deoch) a bhí agam le seachtain. (*That's the first drink I've had in a week.*)

5 Tóg an chéad (casadh) ar dheis agus is é mo theachsa an dara (ceann) ar chlé. (*Take the first right turn and my house is the second one on the left.*)

6 Is é seo an seachtú (bliain) agam ag obair san áit seo. (*This is my seventh year working in this place.*)

7 Beidh an chéad (cruinniú) ar siúl in airde staighre sa chúigiú (seomra) ar chlé. (*The first meeting will take place upstairs in the fifth room on the left.*)

8 Is é seo an t-ochtú (uair) a tháinig sí ar cuairt chugainn. (*This is the eighth time she has visited us.*)

9 Tosóidh an dara (téarma) ag deireadh (mí) (Márta). (*The second term will begin at the end of March.*)

10 Téigh suas go dtí an seachtú (urlár) agus tóg an tríú (casadh) ar dheis. (*Go up to the seventh floor and take the third turn on your right.*)

B Write the following dates out in words.

1 15/6/2005   An _____ dhá mhíle is a cúig.

2 22/4/2003   An _____ dhá mhíle is a trí.

3 5/11/2008   An _____ dhá mhíle is a hocht.

4 11/8/2002   An _____ dhá mhíle is a dó.

5 30/12/2001   An _____ dhá mhíle is a haon.

6 25/1/2004   An _____ dhá mhíle is a ceathair.

7	31/5/2009	An _____ dhá mhíle is a naoi.
8	18/7/2006	An _____ dhá mhíle is a sé.
9	20/2/2000	An _____ dhá mhíle.
10	28/10/2010	An _____ dhá mhíle is a deich.

C Now, place the words **ar an** (*on the*) before each of the dates in B above.

D Draw a box like the one below. Choose the correct form, (a) or (b), after each ordinal number below. The first one has been done to help you.

1	an cúigiú	(a)	bhosca	
		(b)	bosca	(*the fifth box*)
2	an naoú	(a)	hoifig	
		(b)	oifig	(*the ninth office*)
3	an dara	(a)	duine	
		(b)	dhuine	(*the second person*)
4	an t-ochtú	(a)	huair	
		(b)	uair	(*the eighth time*)
5	an tríú	(a)	bliain	
		(b)	bhliain	(*the third year*)
6	an deichiú	(a)	Iodálach	
		(b)	hIodálach	(*the tenth Italian*)
7	an chéad	(a)	hoifig	
		(b)	oifig	(*the first office*)
8	an chéad	(a)	bliain	
		(b)	bhliain	(*the first year*)
9	an séú	(a)	doras	
		(b)	dhoras	(*the sixth door*)
10	an seachtú	(a)	casadh	
		(b)	chasadh	(*the seventh turn*)

1	2	3	4	5	6	7	8	9	10
(b)									

In context

Look at Pól's diary below and then answer the questions that follow.
The vocabulary box will help you understand what is going on.

Eanáir
1: lá saoire banc
8: tús na hoibre
12: ceolchoirm

Feabhra
9: breithlá Chaoimhín
20: turas go Corcaigh

Márta
31: lá saor

Aibreán
2: fiaclóir
8: árachas
29: cluiche peile

Bealtaine
2: breithlá Mháire
4: cóisir

Meitheamh
12: cuairt

Iúil
4: lá amuigh

Lúnasa
6: laethanta saoire
17: ar ais ar obair

Meán Fómhair
27: cúrsa

Deireadh Fómhair
1: breithlá Sheáin
6: cluiche iománaíochta

Samhain
18: mo bhreithlá
20: turas go Tír Chonaill

Nollaig
2: bronntanas le ceannach
8: turas go Béal Feirtse
25: an Nollaig

Vocabulary

lá saoire bainc (*bank holiday*), tús na hoibre (*start of work*), breithlá (*birthday*), turas (*trip*), lá saor (*free day*), fiaclóir (*dentist*), árachas (*insurance*), cóisir (*party*), cuairt (*visit*), lá amuigh (*day out*), laethanta saoire (*holidays*), ar ais (*back*), ar obair (*to work*), iománaíocht (*hurling*), an Nollaig (*Christmas*).

Answer each of the questions below giving the date in words

1. When is Pól's birthday?
2. When has he to go to the dentist?
3. When has he a game of football?
4. When are his holidays?
5. When is he going to Cork?
6. When in January is the bank holiday?
7. When has he to buy a present?
8. When is Máire's birthday?
9. When in August is he back to work?
10. What date is Christmas?

20

Adverbs

In this unit you will learn about
- *Adverbs: general*
- *Adverbs of motion and position*
- *The cardinal directions*
- *Adverbs of time*
- *The days of the week*
- *Referring to past time*
- *Referring to future time*

Adverbs: general

An adverb is a word which qualifies another word, other than a noun or a pronoun:

> Tá sé **réasúnta** deacair. (*It's reasonably difficult.*)
> Tá sí ag obair **go dian**. (*She's working hard.*)
> Bíonn Bairbre as láthair **go minic**. (*Bairbre is often absent.*)

Adverbs are used to refer to motion and position, and to time. We will focus on these particular adverbs in this unit.

Adverbs of motion and position

Adverbs that are used to describe motion or direction

Motion	In a position	Motion from a position
síos Chuaigh sí síos. *(She went down.)*	**thíos** Bhí sí thíos. *(She was down.)*	**aníos** Tháinig sí aníos. *(She came up.)*
suas Chuaigh sé suas. *(He went up.)*	**thuas** Bhí sé thuas. *(He was up.)*	**anuas** Tháinig sé anuas. *(He came down.)*
sall/anonn Chuaigh mé sall/anonn. *(I went over there.)*	**thall** Bhí mé thall. *(I was over there.)*	**anall** Tháinig mé anall. *(I came back from over there.)*
	abhus Tá mé abhus. *(I'm here, on this side.)*	
isteach Chuaigh sé isteach. *(He went in.)*	**istigh** Bhí sé istigh. *(He was inside.)*	**amach** Tháinig sé amach. *(He came out.)*
amach Chuaigh sí amach. *(She went out.)*	**amuigh** Bhí sí amuigh. *(She was outside.)*	**isteach** Tháinig sí isteach. *(She came in.)*

The cardinal directions

Adverbs and nouns can be used to refer to the cardinal directions.

Proper noun	Motion	In a position	From a position
an tuaisceart *(the north)*	ó thuaidh *(to the north/ northwards)*	thuaidh *(in the north)*	aduaidh *(from the north)*

Proper noun	Motion	In a position	From a position
an deisceart *(the south)*	ó dheas *(to the south/ southwards)*	theas *(in the south)*	aneas *(from the south)*
an t-oirthear *(the east)*	soir *(to the east/ eastwards)*	thoir *(in the east)*	anoir *(from the east)*
an t-iarthar *(the west)*	siar *(to the west/ westwards)*	thiar *(in the west)*	aniar *(from the west)*

Chuaigh an bád ó thuaidh. (*The boat went northwards.*)
Tá sé ag teacht aduaidh. (*He is coming from the north.*)
Thiomáin siad ó dheas. (*They drove south.*)
Tá siad ag dul soir faoi láthair. (*They are going eastwards at the moment.*)
Chuaigh mé siar go Gaillimh ag an deireadh seachtaine. (*I went west to Galway at the weekend.*)

Adverbs of time

The adverb **riamh** (*ever/never*) is used in the present and past tense. In the future tense, however, **choíche, go brách** and **go deo** are used to express the same meaning:

Ní fhaca mé riamh an méid seo turasóirí san áit. (*I have never seen so many tourists in the place.*)
but
Ní bhfaighidh Dónall bocht pas sa scrúdú sin choíche. (*Dónall won't ever pass that examination.*)
Ní fheicfidh mé go deo arís í! (*I won't ever see her again!*)

The adverbs **i gcaitheamh, i rith** and **le linn** are all used to express the meaning *during:*

Beidh mé i nGaillimh i gcaitheamh an tsamraidh. (*I will be in Galway during the summer.*)

Bíonn sé an-fhuar ansin i rith an gheimhridh. (*It is very cold there during the winter.*)

Bhí sé an-fhuar ainsin i rith an gheimhridh. (*It was very cold there during the winter.*)

Le and **ar feadh** are both used to refer to time, but there are differences between them. **Le** is usually (although not always) used with the present tense form of the verb to refer to something which still holds, while **ar feadh** is used to refer to a period of time in the past and to something which has ended:

Tá mé i mo chónaí i Londain anois **le** deich mbliana (anuas). (*I've been living in London now for ten years.*)

Bhí mé i mo chónaí i gCorcaigh **ar feadh** trí bliana nuair a bhí mé óg. (*I lived in Cork for three years when I was young.*)

The adverbs **i gceann** and **go ceann** are often confused:

Beidh mé ar ais i gceann bliana. (*I'll be back in a year's time.*)

Beidh sí anseo go ceann bliana. (*She will be here for a year.*)

The days of the week

The following are the names of the days of the week:

    an Luan (*Monday*)
    an Mháirt (*Tuesday*)

an Chéadaoin (*Wednesday*)
an Déardaoin (*Thursday*)
an Aoine (*Friday*)
an Satharn (*Saturday*)
an Domhnach (*Sunday*)

Inniu an Mháirt. (*Today is Tuesday.*)
Amárach an Chéadaoin. (*Tomorrow is Wednesday.*)
Caitheann sé an Aoine i gcónaí lena mhac. (*He always spends Fridays with his son.*)

Dé is used when a particular day is being referred to. Note the changes below:

Dé Luain (*on Monday*)
Dé Máirt (*on Tuesday*)
Dé Céadaoin (*on Wednesday*)
Déardaoin (*on Thursday*)
Dé **h**Aoine (*on Friday*)
Dé Sathairn (*on Saturday*)
Dé Domhnaigh (*on Sunday*)

Buailfidh mé isteach chugat Dé Máirt. (*I'll pay you a visit on Tuesday.*)
Chuaigh sí ar ais maidin Dé Luain. (*She went back on Monday morning.*)

Note that the nouns are in the genitive case following **Dé**. Learners often say or write ****Dé Déardaoin**, but this is wrong. **Dé** is never placed before **Déardaoin**.

Note that **Dé** is never lenited:

Feicfidh mé roimh **dh**eireadh na míosa tú. (*I'll see you before the end of the month.*)
but
Beidh sí ar ais roimh Dé hAoine go cinnte. (*She'll be back before Friday for sure.*)

Referring to past time

inné (*yesterday*)
arú inné (*the day before yesterday*)
Dé Domhnaigh seo caite (*last Sunday*)
or
Dé Domhnaigh seo a d'imigh tharainn (*last Sunday*)
or
Dé Domhnaigh seo a chuaigh thart (*last Sunday*)
seachtain is an lá inniu (*a week ago today*)
seachtain is an lá inné (*a week yesterday*)
seachtain is an Mháirt seo caite (*last Tuesday week*)

The Irish for *ago* is **ó shin**:

seachtain ó shin (*a week ago*)
coicís ó shin (*a fortnight ago*)
mí ó shin (*a month ago*)

Referring to future time

amárach (*tomorrow*)
arú amárach/amanathar/anóirthear (*the day after tomorrow*)
Dé Luain seo chugainn (*next Monday*)
seachtain ó inniu/ón lá inniu (*a week today*)
coicís ó inniu/ón lá inniu (*a fortnight today*)
coicís ón Aoine seo chugainn (*a fortnight next Friday*)
seachtain ó amárach/ón lá amárach (*tomorrow week*)
lá arna mhárach (*the following day*)
an lá dár gcionn (*the next day*)

Test yourself

A Supply the correct adverb of motion or position to go in each blank below.

1 Chuaigh sí _____ go Sasana nuair a bhí sí óg agus tá sí _____ ansin ó shin. (*She went over to England when she was young and she's still over there.*)

2 An bhfuil tú ag dul _____ anocht? (*Are you going out tonight?*)

3 Bhí mé _____ aréir go dtí a dó a chlog. (*I was out last night until two o'clock.*)

4 Tháinig sé _____ an doras agus na páistí á leanúint. (*He came out the door followed by the children.*)

5 Tá Vivienne _____ ag bun an ghairdín. (*Vivienne is down at the bottom of the garden.*)

6 Tá sé _____ sa chrann agus ní thiocfaidh sé _____. (*He's up in the tree and he won't come down.*)

7 Rachaidh mé _____ chugat ar ball. (*I'll go up to you later.*)

8 Tá sé _____ ansin, i mbun an chófra. (*It's in there, in the bottom of the cupboard.*)

9 Téigh _____ go bun na sráide agus cas ar dheis. (*Go down to the bottom of the street and turn right.*)

10 Tháinig sí _____ an tsráid cúpla nóiméad ó shin ar a rothar. (*She came up the street on her bicycle a few minutes ago.*)

B Supply the appropriate adverb to go in each blank.

1 Ní raibh mé _____ i Meiriceá. (*I was never in America.*)

2 Ní bheidh go leor airgid agam _____. (*I'll never have enough money.*)

3 Beidh mé ag dul ansin _____ míosa. (*I'll be going there in a month's time.*)

4 Ní bheidh siad ar ais _____ seachtaine. (*They won't be back for a week.*)

5 Tá mé i mo chónaí i bPáras _____ trí bliana anois.
(*I've been living in Paris now for three years.*)

6 Bhí siad ina gcónaí sa teach sin _____ tríocha
bliain. (*They lived in that house for thirty years.*)

7 Beidh Caoimhín sa Spáinn _____ coicíse.
(*Caoimhín will be in Spain for a fortnight.*)

8 Feicfidh mé _____ cúpla seachtain thú. (*I'll
see you in a few weeks' time.*)

9 Bíonn sí ansin go minic _____ an tsamhraidh.
(*She's often there during the summer.*)

10 Fuair go leor daoine bás in Éirinn _____
bhlianta an Ghorta. (*Many people died in Ireland during
the Famine years.*)

C Place the words and phrases in chronological order, starting
with the furthest point in the future and ending with the
furthest point in the past.

coicís is an lá amárach
seachtain is an lá inniu
coicís ó inniu
mí ó amárach
mí ó shin
coicís is an lá inné
inné
seachtain ó amárach
amárach
arú inné
coicís ó amárach
coicís ó shin

In context

Read the following information about people's movements and
answer the questions that follow. The vocabulary box will help you
understand what is going on.

Síle: Tá mise ag dul anonn chun na Spáinne.

Peadar: Tá mise istigh sa teach.

Caoimhe: Tá mise ag teacht anall as Sasana.

Gearóid: Tá mise ag dul ó thuaidh.

Pól: Tá mise ag teacht aduaidh

Críostóir: Tá mise abhus.

Máire: Beidh mise ag teacht aneas i gceann seachtaine.

Ciarán: Bhí mise amuigh ansin ar feadh seachtaine.

Lorcán: Chuaigh mise isteach san arm.

Úna: Tá mise thiar anseo le seachtain.

Vocabulary

Sasana (*England*), arm (*army*).

For each question below, name the person the information relates to.

1. Who is going north?
2. Who is in the house?
3. Who has been in the west for a week?
4. Who is coming from the south in a week's time?
5. Who was out there for a week?
6. Who is here?
7. Who went into the army?
8. Who is coming over from England?
9. Who is coming from the north?
10. Who is going over to Spain?

21

Relative clauses

In this unit you will learn about
- *Direct relative clauses*
- *Indirect relative clauses*
- *Choice between direct and indirect clause*
- *Direct and indirect relative participles*

Sentences can be divided into parts or clauses. A relative clause is a subordinate clause which gives additional information about someone or something. In Irish, one of the particles **a/ar** or **nach/nár** precedes a relative clause:

> Sin é an buachaill **a** chonaic mé cheana. (*That's the boy I saw before.*)
> Sin cluiche amháin **nach** mbacaim leis. (*That's one game I don't bother with.*)

Direct relative clauses

A direct relative occurs when the noun at the beginning of the sentence is the subject or direct object of the verb in the relative clause that follows:

> Sin í **an bhean** a bhí anseo ag an deireadh seachtaine. (*That's the woman who was here at the weekend.*)
> Sin é **an dráma** a fheicfimid agus muid i Londain. (*That's the play that we'll see when we are in London.*)

In English, a direct relative clause is usually introduced by *that*, *who* or *which*.

In Irish a direct relative is used in the following cases as well:

a after the nouns **am**, **bliain**, **lá**, **oíche** and **uair**, and other such nouns, which are used to denote time:

Cén t-am a bhíonn sé anseo de ghnáth? (*What time is he usually here?*)
Cén bhliain a chonaic tú an dráma sin? (*What year did you see that play?*)

---

b when the particles **cé** and **cad/céard**, which are used to form questions, are followed immediately by the relative particle **a**:

Cé a chonaic sé in éineacht léi? (*Whom did he see accompanying her?*)
Céard a bhí á dhéanamh aige? (*What was he doing?*)

---

c after **cé chomh minic is**, **cé/cá mhéad**, **cá/cén fhad**, **cathain**, **cá huair/cén uair**, **conas**, **nuair** and **mar**:

Cé chomh minic is a fheiceann tú í? (*How often do you see her?*)
Cé mhéad a thug tú ar an gcarr sin? (*How much did you pay for that car?*)
Cathain a bhí do bhreithlá ann? (*When was your birthday?*)
Conas a chuaigh tú go Doire? (*How did you go to Derry?*)

Indirect relative clause

Note that the dependent form of the verb (e.g. **raibh**, **ndeachaigh**) is used in an indirect relative clause.

An indirect relative occurs in the following cases:

a after **áit**:

Sin an áit a raibh mé ar saoire. (*That's where I was on holiday.*)
Cén áit a ndeachaigh tú inné? (*Where did you go yesterday?*)

b after **caoi** and **dóigh**:

Ní maith liom an chaoi a mbíonn sé ag cúlchaint. (*I don't like the way he gossips.*)
Cén chaoi a bhfuil tú? (*How are you?*)
Cén dóigh a mbeidh a fhios agat? (*How will you know?*)

c after **fáth**:

Cén fáth a raibh sí ar buile? (*Why was she angry?*)
Sin an fáth a ndeachaigh siad ansin. (*That's why they went there.*)

(Note: The forms **cad chuige** and **tuige**, which have the same meaning as **cén fáth**, are also followed by an indirect relative.)

d when the particles **cé** and **cad/céard**, which are used to form questions, are followed immediately by a prepositional pronoun:

Cé dó a raibh sé ag obair? (*Who was he working for?*)
Céard faoi a raibh sé ag caint? (*What was he talking about?*)

e when the meaning *whose* is being expressed, as well as *in which*, *of which*, etc.:

Sin í an bhean a raibh a fear sa phríosún. (*That's the woman whose husband was in prison.*)
Sin an fear a mbeidh a mhac anseo amárach. (*That's the man whose son will be here tomorrow.*)

f when the meanings *to whom, for whom, with whom,* etc. are being expressed:

Bhí mé ag caint leis an bhfear ar thug tú an t-airgead dó. (*I was speaking to the man to whom you gave the money.*)
Sin í an cailín a ndearna tú gar di. (*That's the girl for whom you did a favour.*)
Sin é an fear a raibh mé ar scoil leis. (*That's the man with whom I was at school.*)

Choice between direct and indirect clause

Either a direct or an indirect relative clause is often used after nouns denoting time:

Cén t-am a éiríonn/n-éiríonn tú ar maidin? (*What time do you get up in the morning?*)
Cén mhí a thagann/dtagann sé anseo de ghnáth? (*What month does he usually come here?*)

This rule does not pertain to **uair,** however – a direct relative clause always follows it:

Cén uair a bhí tú ansin? (*When were you there?*)

A direct relative clause *must* follow **am** in the present tense when you are asking what time it is:

Cén t-am atá sé? (*What time is it?*)

Summary

Direct relative clause	Indirect relative clause
After nouns which denote time: **am**, **bliain**, **lá**, **oíche**, and **uair**	After nouns which denote time: **am**, **bliain**, **lá**, **oíche** Exception: **uair**
Cén t-am a bhíonn tú ansin? *(What time are you usually there?)* Cén bhliain a chuaigh tú ansin? *(What year did you go there?)* Cén oíche a bheidh tú ar ais? *(What night will you be back?)* Cén uair a d'fhág siad? *(When did they leave?)*	Cén t-am a mbíonn tú ansin? *(What time are you usually there?)* Cén bhliain a ndeachaigh tú ansin? *(What year did you go there?)* Cén oíche a mbeidh tú ar ais? *(What night will you be back?)*
cé and **cad/céard** + the relative particle **a** Cé a thug an t-airgead duit? *(Who gave you the money?)* Céard a bhí le déanamh? *(What was to be done?)*	**cé** and **cad/céard** + a prepositional pronoun Cé dó ar thug tú an t-airgead? *(To whom did you give the money?)* Céard faoi a raibh an chaint? *(What was the talk about?)*
cé chomh minic is, **cé/cá mhéad**, **cá/cén fhad**, **cathain**, **conas**, **nuair** and **mar**	**an áit, cén áit? an chaoi, cén chaoi? an fáth, cén fáth? cad chuige/tuige?**
Cé chomh minic is a chonaic tú é? *(How often did you see him?)* Cé mhéad duine a bhí leat? *(How many people were with you?)* Cén fhad a d'fhan tú ann? *(How long did you stay there?)* Cathain a d'imigh sí? *(When did you go?)*	Sin an áit a raibh siad ar saoire. *(That's the place where they were on holiday.)* Cén chaoi a raibh sé? *(How was he?)* Cén fáth ar fhan tú? *(Why did you stay?)* Cad chuige ar imigh sí? *(Why did she go?)*

(Contd)

Direct relative clause	Indirect relative clause

Cén uair a chuaigh sé abhaile?
(When did he go home?)
Conas a bhí sé?
(How was he?)

Direct and indirect relative participles

Direct relative particle	Indirect relative particle

All tenses except the past tense
a (followed by lenition) is used before the verb.
In the negative, **nach** (followed by eclipsis) is used before the verb.

All tenses except the past tense
a (followed by eclipsis) is used before every verb. In the negative, **nach** (followed by eclipsis) is used before the verb.

The present tense
Cathain **a** oscla**íonn** séé?
(When does he open it?)
Cén uair a **th**éann sé ansin?
(When does he go there?)
Céard a **dhé**anann tú?
(What do you do?)

The present tense
Cén chaoi **a dt**agann sí abhaile?
(How does she come home?)
Cad chuige **a dt**éann tú ansin?
(Why do you go there?)
Sin an bhean **a mb**íonn a mac anseo de ghnáth.

(That's the woman whose son is usually here.)

Sin an obair **a dhé**anaim de ghnáth.
(That's the work I do usually.)

Cad chuige **nach n**-itheann tú an bia sin?
(Why don't you eat that food?)

Chuala mé **nach m**bíonn tú ann rómhinic.
(I heard you're not there often.)

Direct relative particle	Indirect relative particle

The future tense

Cathain **a** osclóidh sé é?

(When will he open it?)

Sin an fhadhb **a bh**eidh againn.

(That's the problem we will have.)

Cloisim **nach mb**eidh tú ann.

(I hear you won't be there.)

The future tense

Cén fáth **a nd**éarfaidh tú é sin?

(Why will you say that?)

Cén chaoi **a gcl**oisfidh tú an guthán sa trácht?

(How will you hear the phone in the traffic?)

Cén áit **a mbu**ailfidh mé leat?

(Where will I meet you?)

The habitual past tense

Cén t-am **a d**'osclaíodh sé an siopa?

(What time did he use to open the shop?)

Cé **a th**éadh ann leis?

(Who used to go there with him?)

Cén mhí den bhliain **a th**osaíodh sé?

(What month of the year did he use to start?)

The habitual past tense

Cé dó **a dt**ugtaí an t-airgead?

(To whom did the money use be given?)

Cén fáth **a mb**íodh sí ansin?

(Why did she use to be there?)

Cén chaoi **a dt**éiteá chuig do chuid oibre?

(How did you use to go to your work?)

Deirtear **nach mb**íodh mórán daoine ann.

(It's said that there used not be many people there.)

The conditional mood

Cathain **a d'**osclódh sé é?

(When would he open it?)

Cén uair **a** rachadh sé ansin?

(When would he go there?)

Cén t-am **a bh**eifeá ansin dá bhfágfá anois?

(What time would you be there if you left now?)

The conditional mood

Cén fáth **a n-o**sclódh sé é?

(Why would he open it?)

Cad chuige **a gc**abhróinn leat?

(Why would I help you?)

Sin é an fear **nach dt**iocfadh a mhac ar ais.

(That is the man whose son wouldn't come back.)

The past tense

a (followed by lenition) is used before every verb, regular and irregular.

The past tense

ar and **nár** (followed by lenition) are used before all regular verbs and some irregular verbs.

(Contd)

Direct relative particle	Indirect relative particle
Cathain **a d**'oscail sé é? *(When did he open it?)*	Cén chaoi **ar bh**uail sibh le chéile? *(How did you meet?)*
	Cén fáth **nár che**annaigh tú an leabhar sin? *(Why didn't you buy that book?)*
Cén uair **a bh**uail tú leis? *(When did you meet him?)* Cén t-am **a** fuair tú an scéala? *(What time did you get the news?)*(note that this verb is not lenited) Sin é an fear **a bh**í sa rang liom. *(There's the man who was in my class.)*	Sin í an bhean **ar dh**íol a mac a theach linne. *(There's the woman whose son sold us his house.)* Cén chaoi **ar** chuala tú…? *(How did you hear …?)* Cad chuige **ar** ith sí…? *(Why did she eat …?)*
In the negative, **nár** (followed by lenition) is used before most verbs:	Cén fáth **ar** thug sé…? *(Why did he give …?)*
Dúirt sé liom **nár bh**uail sé leat. *(He told me he didn't meet you.)*	Cén chaoi **ar** bheir tú…? *(How did you catch …?)* Cén tslí **ar** tháinig tú…? *(How did you come …?)*
Nach (followed by eclipsis) is used before a few irregular verbs:	**a** and **nach** are used in the case of these irregular verbs:
nach ndúirt/ndeachaigh/raibh/ ndearna/bhfuair/bhfaca	Cén fáth **nach nd**úirt tú…? *(Why did you not say …?)* Cén áit **a nd**eachaigh tú…? *(Where did you go …?)* Cén dóigh a raibh sé…? *(How was he …?)* Cad chuige **a nd**earna siad …? *(Why did they do…?)* Cén áit **a bh**fuair sibh …? *(Where did you get …?)* Cén áit a **bhf**aca sí…? *(Where did she see …?)*

Test yourself

A Choose which form of the verb to place in each blank.

	Direct	*Indirect*
1	bheidh	mbeidh
2	rinne	ndearna
3	a bhuail	ar bhuail
4	a d'fhág	ar fhág
5	a tháinig	ar tháinig
6	a fuair	a bhfuair
7	a bhí	a raibh
8	a bhí	a raibh
9	a chuaigh	a ndeachaigh
10	a chonaic	a bhfaca
11	a thug	ar thug
12	a bhuail	ar bhuail

1 Cén fhad a _____ tú ansin? (*How long will you be there?*)

2 Céard a _____ tú ag an deireadh seachtaine? (*What did you do at the weekend?*)

3 Cathain _____ tú léi? (*When did you meet her?*)

4 Cén fáth _____ sí? (*Why did she leave?*)

5 Cén t-am _____ sé ar ais? (*What time did he return?*)

6 Sin é an fear _____ a mhac an post sa mheánscoil. (*That's the man whose son got the job in the secondary school.*)

7 Cé mhéad duine _____ ansin? (*How many people were there?*)

8 Sin í an bhean _____ taom croí aici an samhradh seo caite. (*That's the woman who had a heart attack last summer.*)

9 Cén áit _____ sí? (*Where did she go?*)

10 Cé chomh minic is _____ tú é? (*How often did you see him?*)

11 Sin é an fear _____ mé an t-airgead dó. (*That's the man to whom I gave the money.*)

12 Cén áit _____ tú léi? (*Where did you meet her?*)

B Remove the parentheses and change the relative particle and the verb if necessary.

1 Cathain a (beidh) sí sa bhaile? (*When will she be at home?*)

2 Cén áit (a) (buail) tú léi aréir? (*Where did you meet her last night?*)

3 Cad fáth (a) (téann) sí ansin? (*Why does she go there?*)

4 Cén chaoi a (chuaigh) tú go Béal Feirste ag an deireadh seachtaine? (*How did you go to Belfast at the weekend?*)

5 Cé mhéad duine a (beidh) leat? (*How many people will be with you?*)

6 Cén fhad (a) (fan) tú ansin aréir? (*How long did you stay there last night?*)

7 Sin é an fear (a) (cuir) mé an t-eolas chuige. (*That's the man to whom I sent the information.*)

8 Sin í an bhean (a) (bhí) mé i ngrá léi nuair a bhí mé ar scoil. (*That's the woman with whom I was in love when I was at school.*)

9 Sin an duine a (chuaigh) chun an choláiste i Luimneach. (*That's the person who went to college in Limerick.*)

10 Sin an fear a (chuaigh) a mhac chun an choláiste i nGaillimh. (*That's the man whose son went to college in Galway.*)

11 Cé chomh minic is a (téann) tú abhaile? (*How often do you go home?*)

12 Conas (a) (déanann) tú é sin? (*How do you do that?*)

In context

Read the following passage and answer the questions that follow.
The vocabulary box will help you understand what is going on.

Sin an fear a bhfuil aithne agam air. Tá a mhac ag obair sa
gharáiste atá i lár na cathrach. Cuidíonn sé liom nuair a théim ann.
Ní maith liom an fear a bhfuil siopa aige taobh leis sin. Is trua é
nó sin siopa a gceannaím mo chuid earraí tí ann. Is cuimhin liom
lá a ndeachaigh mé isteach ann; sílim gur ar lorg bainne a bhí mé.
Chuaigh mé isteach agus labhair mé leis an mbean a bhíonn ag
obair ann. Dúirt sí nach raibh bainne ar bith fágtha. Cé a tháinig
isteach an uair sin ach fear an tsiopa agus thug se íde don bhean úd
nár chuir an t-ordú isteach; ní mó ná sásta a bhí mé.

Vocabulary

garáiste (*garage*), cuidigh (*help*), trua (*pity*), earraí tí (*groceries*),
bainne (*milk*), íde (*tongue lashing*), ordú (*order*).

---

1. Make a list of all the direct relative examples in the passage.
2. Make a list of all the indirect relative examples in the passage.
3. Put all the examples, both direct and indirect, in the future tense.

22

Indirect speech

In this unit you will learn about
- **Direct speech vs. indirect speech**
- **Change of tense**
- **Adverbs of time and demonstrative words**

Direct speech vs. indirect speech

Direct speech repeats, or quotes, the exact words spoken, usually contained within quotation marks. It is introduced by expressions such as *She said…*, and *I asked…*

Indirect speech is reported speech. The exact words of the original statement are not always used, and quotation marks are not required, e.g. *She said that she was disappointed*.

Direct speech	Indirect speech
'Tá mé ag teacht chugam féin.'	Deir sé go bhfuil sé ag teacht chuige féin.
(*I'm recovering.*')	(*He says he is recovering.*)
'Ní bheidh sí ar ais amárach.'	Measann sé nach mbeidh sí ar ais amárach.
(*'She won't be back tomorrow.'*)	(*He doesn't think she'll be back tomorrow.*)

(Contd)

Direct speech	Indirect speech
'Chuaigh mé ansin i m' aonar.'	Deir sé go ndeachaigh sé ansin ina aonar.
('I went there alone.')	(He says he went there alone.)

Insight

Note that the dependent form of the verb is used after **go/gur** and **nach/nár**. Note also that the dependent form is given in the units of this book devoted to the verb.

Change of tense

Reported speech is usually used to talk about the past, so we normally change the tense of the words spoken:

The present tense is changed to the past tense:

'Tá mé ceart go leor.'	Dúirt sí go raibh sí ceart go leor.
('I'm all right.')	(She said she was all right.)
'Níl sé ródheas.'	Dúirt sí nach raibh sé ródheas.
('It's not too nice.')	(She said that it wasn't too nice.)

The present habitual tense is changed to the past habitual:

'Bím ansin go minic.'	Dúirt sí go mbíodh sí ansin go minic.
('I'm often there.')	(She said she was often there.)

The future tense is changed to the conditional mood:

'Rachaidh mé ansin gan é.'	Dúirt sí go rachadh sí ansin gan é.
('I'll go there without him.')	(She said she would go there without him.)

Verbs in the past tense, the past habitual tense and the conditional mood remain unchanged:

'Chonaic mé iad ansin.'	Dúirt sé go bhfaca sé iad ansin.
(*I saw them there.*)	(*He said he saw them there.*)
'Théadh sí ann gach bliain.'	Dúirt sé go dtéadh sí ann gach bliain.
(*She used to go there every year.*)	(*He said she used to go there every year.*)
'Dhéanfaidís an obair sin dó.'	Dúirt sí go ndéanfaidís an obair sin dó.
(*They would do that work for him.*)	(*She said that they would do that work for him.*)

The imperative is replaced by a verbal noun:

'Téigh abhaile leis.'	Dúirt sí liom dul abhaile leis.
(*Go home with him.*)	(*She told me to go home with him.*)
'Éirigh, a Bhríd.'	Dúirt sé le Bríd éirí.
(*Get up Bríd.*)	(*He told Bríd to get up.*)

When the commanding verb takes an object, **a** is placed before the verbal noun:

'Ceannaigh bronntanas dom.'	Dúirt sí liom bronntanas **a** cheannach di.
(*Buy me a present.*)	(*She told me to buy her a present.*)
'Tabhair an t-airgead ar ais dó.'	Dúirt sí liom an t-airgead **a** thabhairt ar ais dó.
(*Give him back the money.*)	(*She told me to give him back the money.*)

In the case of negative commands and requests, **ná** is replaced by **gan**:

'Ná dún an doras sin.'	Dúirt sí leis **gan** an doras a dhúnadh.
('*Don't close the door.*')	(*She told him not to close the door.*)
'Ná hith an bia go léir, a Aoife.'	Dúirt sé le hAoife **gan** an bia go léir a ithe.
('*Don't eat all the food, Aoife.*')	(*He told Aoife not to eat all the food.*)

Adverbs of time and demonstrative words

The adverbs of time must be changed when the introductory verb (**dúirt, chuala,** etc.) expresses past time:

inniu (*today*)	**an lá sin** (*that day*)
inné (*yesterday*)	**an lá roimhe sin** (*the day before*)
arú inné (*the day before yesterday*)	**dhá lá roimhe sin** (*two days before*)
aréir (*last night*)	**an oíche roimhe sin** (*the night before*)
amárach (*tomorrow*)	**an lá ina dhiaidh sin** (*the day after*)
arú amárach (*the day after tomorrow*)	**dhá lá ina dhiaidh sin** (*two days after that*)
anocht (*tonight*)	**an oíche sin** (*that night*)
anois (*now*)	**ansin** or **an uair sin** (*then, at that time*)
i mbliana (*this year*)	**an bhliain sin** (*that year*)
anuraidh (*last year*)	**an bhliain roimhe sin** (*the previous year*)
an bhliain seo chugainn (*next year*)	**an bhliain ina dhiaidh sin** (*the following year*)
anseo (*here*)	**ansin, ansiúd, ann** (*there*)
seo (*this*) (*adjective*)	**sin, úd** (*that*)
seo (*this*) (*pronoun*)	**sin, siúd** (*that*)

Test yourself

A Each adverb of time in Column One is used in direct speech. Match it with its equivalent in Column Two, used in indirect speech.

Column One	Column Two
1 inniu	an bhliain sin
2 inné	an oíche sin
3 arú inné	an bhliain roimhe sin
4 aréir	dhá lá ina dhiaidh sin
5 amárach	an lá ina dhiaidh sin
6 arú amárach	an oíche roimhe sin
7 anocht	ansin *or* an uair sin
8 anois	an lá roimhe sin
9 i mbliana	an lá sin
10 anuraidh	dhá lá roimhe sin

B Place the words **Dúirt sí ...** before each sentence and make whatever changes are necessary.

1 'Tá mé ag dul abhaile amárach.' ('*I'm going home tomorrow.*')

2 'Bím sa bhaile gach lá ar a cúig.' ('*I'm home every day at five.*')

3 'Bhí Niall anseo arú inné.' ('*Niall was here the day before yesterday.*')

4 'Beidh siad ar ais arú amárach.' ('*They'll be back the day after tomorrow.*')

5 'Bhí an áit plódaithe aréir.' ('*The place was packed last night.*')

6 'Dhéanfainn an obair dó dá mbeinn saor.' ('*I'd do the work for him if I was free.*')

7 'D'ólfainn an iomarca dá mbeinn ansin.' ('*I'd drink too much if I were there.*')

8 'Bhíodh Gearóidín ansin go minic.' ('*Gearóidín often used to be here.*')

9 'Feicfidh mé amárach tú.' ('*I'll see you tomorrow.*')

10 'Chuaigh siad ansin inné.' ('*They went there yesterday.*')

C Complete the blanks to change each direct command or request below into indirect speech. (If you are unsure of the forms of the verbal noun, have a look again at Unit 7 of this book.)

1 'Ná habair sin leis.' ('*Don't say that to him.*')
Dúirt sé _____ sin a _____ leis.

2 'Éist le do mháthair, a Liam.' ('*Listen to your mother, Liam.*')
Dúirt sé le Liam _____ lena mháthair.

3 'Oscail an fhuinneog.' ('*Open the window.*')
Dúirt sé an fhuinneog a _____.

4 'Déanaigí an obair amárach.' ('*Do the work tomorrow.*')
Dúirt sé leo an obair a _____ an lá ina dhiaidh sin.

5 'Ná labhraígí focal, a pháistí.' ('*Don't speak a word, children.*')
Dúirt sé leis na páistí _____ focal a _____.

6 'Tar isteach agus suigh síos.' ('*Come in and sit down.*')
Dúirt sé léi _____ isteach agus _____ síos.

7 'Faigh nuachtán domsa, a Shíle.' ('*Get a newspaper for me, Síle.*')
Dúirt sé le Síle nuachtán a _____ dó.

8 'Ná tar ar ais go dtí anocht.' ('*Don't come back until tonight.*')
Dúirt sé leo _____ _____ ar ais go dtí an oíche sin.

9 'Ith do dhinnéar, a Dhónaill.' ('*Eat your dinner, Dónall.*')
Dúirt sé le Dónall a dhinnéar a _____.

10 'Críochnaigh an aiste amárach, a Shíle.' ('*Finish the essay tomorrow, a Síle, C.*')
Dúirt mé le Síle an aiste a _____ an lá ina dhiaidh sin.

In context

Read the following passage answer the questions that follow. The vocabulary box will help you understand what is going on.

Tá an bheirt bhádóirí thíos sa bhád. Ní raibh a fhios agam an raibh siad beo ná marbh. Níor ith siad bia nó níor ól siad deoch inné. Chuaigh mé síos chucu agus d'amharc mé isteach sa bhád. Níor chreid mé cad é a bhí romham. Bhí siad beirt ina gcodladh. Labhair mé leo. "Éirígí" a dúirt mé ach níor thug siad freagra ar bith orm.

Vocabulary

bádóir (*boatman*), beo (*alive*), marbh (*dead*), deoch (*drink*), freagra (*answer*).

---

1. Rewrite the passage above placing 'dúirt sé' (he said) at the start of each sentence. Remember that verbs, pronouns, prepositional pronouns and adverbs of time must be changed.

2. Put the paragraph you have just created in the future tense placing 'deir sé' (he says) at the start of each sentence.

Vocabulary

bádóir (*boatman*), beo (*alive*), marbh (*dead*), bia (*food*), deoch (*drink*), freagra (*answer*).

Glossary of grammatical terms

adjective An adjective describes a noun or gives us more information about it.

    deas (*nice*)
    mór (*big*)

adverb An adverb is a word which describes or tells us more about how an action is carried out. It answers the questions *Where?*, *When?*, or *How?* In Irish, **go** is often used where the ending *-ly* would be used in English.

    thiar (*in the west*)
    inné (*yesterday*)
    go mall (*slowly*)

article The article is placed before the noun. There is only one article in the Irish language, that is, the definite article.

    an fear (*the man*)

The form **na** is used in the plural.

    na fir (*the men*)

cardinal numbers The numbers *one*, *two*, *three*, etc.

comparative This is a form of the adjective used to make comparisons.

    Tá Londain níos **mó** ná Baile Átha Cliath. (*London is bigger than Dublin.*)
    Is é Brian an duine is **óige**. (*Brian is the youngest.*)

compound preposition A compound preposition is a simple preposition (**ag, i, le**, etc.) and a noun and is followed by the genitive case.

i rith (*during*)
ar feadh (*for*)

direct object The direct object of a sentence is the person or thing created, affected or altered by the action of the verb.

Brian cooked the dinner (*dinner* is the direct object of the sentence – it was created by the action of cooking).

imperative This is the form of the verb used when giving orders.

Tar isteach. (*Come in.*)
Bí i do thost. (*Be quiet.*)

indirect object The indirect object of a verb is not directly affected by the action.

She bought Mary a present. (*present* is the direct object as it is directly affected by the action and Mary is the indirect object as she receives the present.)
They made Peter dinner. (*dinner* is the direct object as it is created by the action and Peter is the indirect object as the dinner is made for him.)

interrogatives These are question forms such as **Cén áit?** (*Where?*), **Cén fáth?** (*Why?*), etc.

noun A noun is the name of something (person, animal, place, thing, quality, idea, or action). A noun can be singular (just one), or plural (more than one thing). Every noun in Irish is either feminine or masculine.

Tá an **teach** sin go deas. (*That's a nice house.*)
Is **fear** deas é **Máirtín**. (*Máirtín is a nice man.*)

ordinal numbers *First*, *second*, *third*, etc.

  an **chéad** duine (*the first person*)
  an **tríú** háit (*the third place*)

personal numbers (or numerals) These numbers are used to count people. In Irish, there is one system for counting people and another for counting things.

  beirt fhear (*two men*)
  cúigear ceoltóirí (*five musicians*)

possessives These are words showing ownership or possession.

  mo mháthair (*my mother*)
  a mála (*her bag*)

prepositional pronoun This is a combination of a pronoun and a preposition.

  ag + mé = agam
  roimh + tú = romhat

pronoun A pronoun is a word used to take the place of a noun or noun phrase and is often used as a substitute for a noun already mentioned in order to avoid repetition.

  Tháinig Marcus isteach agus shuigh **sé** síos. (*Marcus came in and sat down.*)
  D'ith **siad** an dinnéar agus d'fhág **siad**. (*They ate their dinner and left.*)

simple preposition A simple preposition is a small word which comes before a noun and indicates a relationship between that noun and some other element (another noun, a verb or an adverb) in the sentence or clause.

i (*in*)
ag (*at*)
faoi (*under*)

....

subject The subject of a sentence is the person or thing
carrying out the action of the verb.

Cheannaigh **Peadar** carr nua. (*Peadar bought a new car.*)
Rith **an bhó** trasna na páirce. (*The cow ran across the field.*)

....

suffix A letter or letters added to the end of a word. In Irish,
a suffix is often used to add stress.

mo chóta (*my coat*)
but
mo chótasa (<u>my</u> *coat*)

....

syllable A syllable is a segment of a spoken word consisting of
one sound or of two or more sounds said as a single unit of
speech.

two syllables	*three syllables*
eat-en	com-put-er
show-er	heart-break-ing

....

verb A verb is a part of speech that usually denotes action,
occurrence or a state of being.

Rith sé abhaile. (*He ran home.*)
Tá sí sona sásta. (*She is happy.*)

....

verb root The root of a verb in Irish is the 2nd person singular
imperative (used to give an order to one person). This form
is given as a headword in the dictionaries.

ceannaigh (*buy*)
imigh (*go*)

verbal adjective A form of the verb used to express the end of an action.

Tá an obair **déanta**. (*The work is done.*)
Tá an aiste **críochnaithe**. (*The essay is finished.*)

verbal noun Verbal nouns in English end in -*ing* (*eating, playing*, etc.). In Irish they are often preceded by **ag** or **a**.

ag ithe (*eating*)
a dhéanamh (*doing*)

Appendix 1: Noun declension; adjectives in the genitive case singular

---

The declensions of the noun

Nouns in Irish are divided into five groups, called declensions.

The first declension

- All nouns in the first declension are masculine and end in a broad consonant.
- The genitive singular is formed by making the final consonant slender.
- Some nouns have a weak plural, which means the genitive plural is the same as the nominative singular (e.g. **bád**; see below).
- Other nouns have a strong plural, which means the genitive plural is the same as the nominative plural (e.g. **carr**; see below).
- The vocative case singular form is the same as the genitive singular case form.
- The exceptions to this rule are:
  - **(i)** collective nouns (e.g. **a phobal**)
  - **(ii)** terms of endearment (e.g. **a rún, a stór, a leanbh**)

Singular		Plural	
Nominative	*Genitive*	*Nominative*	*Genitive*
an bád	**foireann an**	**na báid**	**foirne na mbád**
(the boat)	**bháid** *(the crew of the boat)*	*(the boats)*	*(the crews of the boats)*
an carr	**úinéir an chairr**	**na carranna**	**ag ní na gcarranna**
(the car)	*(the car's owner)*	*(the cars)*	*(washing the cars)*
an t-amhrán	**ag canadh an**	**na hamhráin**	**ag foghlaim na**
(the song)	**amhráin** *(singing the song)*	*(the songs)*	**n-amhrán** *(learning the songs)*
an sagart	**teach an tsagairt**	**na sagairt**	**tithe na sagart**
(the priest)	*(the priest's house)*	*(the priests)*	*(the priests' houses)*

The second declension

▶ Nouns in the second declension are feminine and end in a consonant. The three exceptions are **im** (*butter*), **sliabh** (*mountain*) and **teach** (*house*).

▶ The genitive singular is formed:
  (i) by adding **-e** to nouns ending in a slender consonant;
  (ii) by making broad endings slender and then adding **-e**;
  (iii) by changing final **-ach** to **-aí** and final **-each** to **-í**.

▶ The weak-plural nouns end in **-a** (e.g. **fuinneog**; see below).

▶ The strong-plural endings are **-anna, -í, -acha, -eacha, -ta, -te, -tha** (e.g. **tuairisc**; see below).

▶ The vocative singular has the same form as the nominative singular.

Singular		Plural	
Nominative	*Genitive*	*Nominative*	*Genitive*
an fhuinneog	**dath na fuinneoige**	**na fuinneoga**	**dath na bhfuinneog**
(the window)	*(the colour of window)*	*(the windows)*	*(the colour of the windows)*

(Contd)

	Singular		Plural
Nominative	Genitive	Nominative	Genitive
tuairisc *(report)*	**deireadh na tuairisce** *(the end of the report)*	**na tuairiscí** *(the reports)*	**ag críochnú na dtuairiscí** *(finishing the reports)*
an oifig *(the office)*	**doras na hoifige** *(the door of the office)*	**na hoifigí** *(the offices)*	**ag glanadh na n-oifigí** *(cleaning the offices)*
an tsráid *(the street)*	**barr na sráide** *(the top of the street)*	**na sráideanna** *(the streets)*	**cúinní na sráideanna** *(the corners of the streets)*

The third declension

▶ The third declension is made up of both masculine and feminine nouns.
▶ The genitive singular is formed by adding an -a to the nominative singular form (after broadening, if necessary).
▶ Almost all the nouns in the declension have strong plurals.
▶ The vocative singular has the same form as the nominative singular.

	Singular		Plural
Nominative	Genitive	Nominative	Genitive
an cainteoir *(the speaker)*	**argóintí an chainteora** *(the speaker's arguments)*	**na cainteoirí** *(the speakers)*	**argóintí na gcainteoirí** *(the speakers' arguments)*
eagraíocht *(organization)*	**baill na heagraíochta** *(the members of the organization)*	**na heagraíochtaí** *(the organizations)*	**baill na n-eagraíochtaí** *(the members of the organizations)*

Singular		Plural	
Nominative	Genitive	Nominative	Genitive
an t-aisteoir	**ról an aisteora**	**na haisteoirí**	**ag moladh na**
(the actor)	(the actor's role)	(the actors)	**n-aisteoirí**
			(praising the actors)
an saighdiúir	**pá an**	**na saighdiúirí**	**bás na saighdiúirí**
(the soldier)	**tsaighdiúra** (the soldier's pay)	(the soldiers)	(the death of the soldiers)

The fourth declension

▶ There are both masculine and feminine nouns in the fourth declension.
▶ Most nouns ending in a vowel are in this declension.
▶ Diminutives ending in **-ín** are also in the fourth declension.
▶ All cases in the singular have the same form, and all cases in the plural have the same form.

Singular		Plural	
Nominative	Genitive	Nominative	Genitive
an balla (the wall)	**dath an bhalla** (the colour of the wall)	**na ballaí** (the walls)	**ag tógáil na mballaí** (building the walls)
an chomhairle (the council)	**obair na comhairle** (the council's work)	**na comhairlí** (the councils)	**baill na gcomhairlí** (the members of the councils)
an cailín (the girl)	**cairde an chailín** (the friends of the girl)	**na cailíní** (the girls)	**scoileanna na gcailíní** (the girls' schools)
an t-oibrí (the worker)	**dualgais an oibrí** (the worker's duties)	**na hoibrithe** (the workers)	**coinníollacha na n-oibrithe** (the workers' conditions)
			(Contd)

Singular		Plural	
Nominative	Genitive	Nominative	Genitive
an siopa (the shop)	**úinéir an tsiopa** (the shop's owner)	**na siopaí** (the shops)	**úinéirí na siopaí** (the owners of the shops)

The fifth declension

▶ Nouns in the fifth declension are feminine (with a few exceptions) and end in a slender consonant (**-il, -in, -ir**) or in a vowel.

▶ The genitive of nouns ending in **-il, -in, -ir** is usually formed by adding **-each** or by dropping the **i** and adding -**ach**.

▶ In the case of some nouns, syncopation takes place (one or two vowels are lost) in the genitive and -**ach** or -**each** is added.

▶ The vocative singular has the same form as the nominative singular.

Singular		Plural	
Nominative	Genitive	Nominative	Genitive
an riail (the rule)	**ag briseadh na rialach** (breaking the rule)	**na rialacha** (the rules)	**ag briseadh na rialacha** (breaking the rules)
an abhainn (the river)	**ainm na habhann** (the name of the river)	**na haibhneacha** (the rivers)	**ag seoladh na n-aibhneacha** (sailing the rivers)
an chathair (the city)	**muintir na cathrach** (the people of the city)	**na cathracha** (the cities)	**daonra na gcathracha** (the population of the cities)
an t-athair (the father)	**post an athar** (the father's job)	**na haithreacha** (the fathers)	**ag cáineadh na n-aithreacha** (criticizing the fathers)
an tsiúr (the sister*)	**ord the siúrach** (the sister's order)	**na siúracha** (the sisters)	**obair na siúracha** (the work of the sisters)

* religious/nuns

Adjectives in the genitive case singular

Adjectives after masculine nouns in the genitive case

a Initial consonants are always lenited:

bán (*white*)	ag barr an leathanaigh **bh**áin (*at the top of the white page*)
mór (*big*)	deireadh an lae **mh**óir (*the end of the big day*)

b Broad consonants are slenderized in the genitive:

daor (*expensive*)	tithe an cheantair dhao**ir** (*the houses of the expensive area*)
bocht (*poor*)	cearta an fhir bhoi**cht** (*the rights of the poor man*)

c Final -**ach** is changed to -**aigh** and final -**each** to -**igh**:

tábhachtach (*important*)	ag dréachtú an phlean thábhacht**aigh** (*drafting the important plan*)
aisteach (*strange*)	smaointe an fhir ais**tigh** (*the thoughts of the strange man*)

d Adjectives ending in a vowel or slender consonant remain unchanged:

fada (*long*)	tús an turais fhada (*the beginning of the long journey*)
suimiúil (*interesting*)	véarsaí an dáin shuimiúil (*the verses of the interesting poem*)

e There is lenition *only* without slenderization in the case of:

(i) adjectives which end in -**ch(t)**:

buíoch (*thankful*), fliuch (*wet*), moch (*early*), etc.
[Bocht (*poor*) is an exception: bás an fhir bho**icht** (*the death of the poor man*)]

(ii) adjectives with one syllable which end in a double consonant:

gann (*scarce*), mall (*late, slow*), teann (*tight*), etc.

[Dall (*blind*) and donn (*known*) are exceptions: bás an fhir dha**ill** (*the death of the blind man*); ag moladh an aráin dho**inn** (*praising the brown bread*)]

(iii) the following adjectives:

cúng (*narrow*), deas* (*nice*), leamh (*weak, tepid*), mear (*quick*), searbh (*bitter*), tiubh (*thick*), trom (*heavy*), tur (*dry, dull*)

*not when it means *right* (direction)

Adjectives after feminine nouns in the genitive case

a -e is added to the end of the adjective and the final consonant is slenderized if necessary:

mór (*big*)	coiste na féile mó**ire** (*the committee of the big festival*)
beag (*small*)	baill na heagraíochta b**ige** (*the members of the small organization*)

b -ea- is changed to -ei- in certain words:

dearg (*red*) in aice na fuinneoige deirge (*beside the red window*)

c final -ach is changed to -aí and final -each to -í:

tábhachtach (*important*) réiteach na ceiste tábhachtaí (*the solution to the important matter*)

aisteach (*strange*) nósanna na mná aistí (*the habits of the strange woman*)

d final -úil is changed to -úla:

suimiúil (*interesting*) deireadh na hóráide suimiúla (*the end of the interesting speech*)

misniúil (*brave*) gníomhartha na mná misniúla (*the actions of the brave woman*)

e final -ir is changed to -ra in the case of the adjectives cóir (*just*), deacair (*difficult*) and socair (*calm, still*):

deacair (*difficult*) deireadh na seachtaine deacra (*the end of the difficult week*)

socair (*calm*) tús na tréimhse socra (*the beginning of the calm period*)

f Adjectives which end in a vowel remain unchanged:

buí (*yellow*) ag bun na bileoige buí (*at the bottom of the yellow leaflet*)

aosta (*old*) cairde na mná aosta (*the friends of the old woman*)

The genitive singular of some commonly-used adjectives

	Genitive singular Masculine	Genitive singular Feminine
álainn (beautiful)	álainn	áille
aoibhinn (charming)	aoibhinn	aoibhne
bán (white)	bháin	báine
breá (fine)	bhreá	breátha
daingean (solid)	dhaingin	daingne
díreach (straight)	dhírigh	dírí
domhain (deep)	dhomhain	doimhne
folamh (empty)	fholaimh	foilmhe
gearr (short)	ghearr	giorra
leathan (wide)	leathain	leithne
maith (good)	mhaith	maithe
mall (late, slow)	mhall	moille
ramhar (fat)	ramhair	raimhre
saibhir (rich)	shaibhir	saibhre
te (hot)	the	te
uasal (noble)	uasail	uaisle

Appendix 2: Names of people and places

First names

Men's names

All men's names are masculine in Irish. Most of those which end in a broad consonant belong to the first declension and are slenderized in the vocative and genitive cases:

	Vocative case	Genitive case
Seán	a Sheáin	máthair Sheáin (Seán's mother)
Cathal	a Chathail	ag lorg Chathail (looking for Cathal)

Names in the third declension

	Vocative case	Genitive case
Críostóir	a Chríostóir	deartháir Chríostóra (Críostóir's brother)
Diarmaid	a Dhiarmaid	ag cáineadh Dhiarmada (criticizing Diarmaid)

Names in the fourth declension

	Vocative case	Genitive case
Liam	a Liam	carr Liam (Liam's car)
Proinsias	a Phroinsias	cabhair Phroinsias (Proinsias' help)

Women's names

All women's names are feminine in Irish. Lenition is the only change that they undergo in the vocative case.

Names in the second declension

	Vocative case	Genitive case
Bríd	a Bhríd	ag moladh Bhríde (*praising Brid*)
Méabh	a Mhéabh	ag moladh Mhéibhe (*praising Méabh*)

Names in the fourth declension

	Vocative case	Genitive case
Clár	a Chlár	oifig Chlár (*Clár's office*)
Siobhán	a Shiobhán	ag pósadh Shiobhán (*marrying Siobhán*)

Surnames

Surnames containing Mac

Below are some of the surnames in Irish containing Mac:

Mac Diarmada   Mac Pháidín
Mac Donncha   Mac Shamhráin
Mac Mathúna

Mac changes to **Mhic** in the vocative and genitive cases:

	Vocative case	Genitive case
Liam Mac Mathúna	a Liam **Mhic** Mhathúna	post Liam **Mhic** Mhathúna (*Liam Mac Mathúna's job*)

Consonants are lenited after **Mhic**. There is a tendency, however, not to lenite **c** and **g**:

cuid oibre Phroinsias Mhic **Dh**iarmada
(*the work of Proinsias Mac Diarmada*)

but

oifig Sheáin Mhic Cumhaill
(*Seán Mac Cumhaill's office*)
leabhar Risteard Mhic Gabhann
(*Risteard Mac Gabhann's book*)

Nic is the form used by single women or by those women who do not change their name when they get married. Consonants (other than **c** and **g**) are lenited after **Nic**.

Here are the forms used for various members of a family:

A man	His wife	His son	His daughter
Liam Mac Mathúna	Helena (Bean) Mhic **Mh**athúna	Dónall Mac Mathúna	Lisa Nic **Mh**athúna

Surnames containing Ó

Below are some of the surnames in Irish containing **Ó**. Note that consonants are not lenited after **Ó** but that an **h** is placed before a vowel:

Ó **h**Annracháin   Ó Ceallaigh
Ó Baoill   Ó Murchú
Ó **h**Eochaidh

Ó changes to **Uí** in the vocative and genitive cases:

	Vocative case	Genitive case
Tomás Ó Baoill	a Thomáis **Uí** Bhaoill	bás Thomáis **Uí** Bhaoill (*the death of Tomás Ó Baoill*)

Ní is the form used by single women or by those women who do not change their name when they get married.

Consonants are lenited after **Uí** and **Ní**:

Oifig Uí **Mhurchú**
(*Ó Murchú's office*)
Caitríona Ní **Shé**
(*Caitríona Ó Shea*)

Here are the forms used for various members of a family:

A man	His wife	His son	His daughter
Tomás Ó Baoill	Aoife (Bean) Uí **Bh**aoill	Niall Ó Baoill	Fionnuala Ní **Bh**aoill

Surnames ending in -nach

These are the various forms of Breatnach (*Walsh*), a surname which is reasonably common in Ireland:

	Vocative case	Genitive case
Peadar Breatnach	a Pheadair **Bh**reatn**aigh**	cuid airgid Pheadair **Bh**reatn**aigh** (*Peadar Breatnach's money*)
Síle **Bh**reatnach	a Shíle **Bh**reathnach	páistí Shíle **Bh**reatnach (*Síle Bhreatnach's children*)

The provinces and counties of Ireland

The provinces

The provinces of Ireland are usually preceded by the word **Cúige** (*Province*) when they are being referred to in Irish:

Connachta	Cúige Chonnacht (*the Province of Connacht*)
Laighin	Cúige Laighean (*the Province of Leinster*)
Mumhain	Cúige Mumhan (*the Province of Munster*)
Ulaidh	Cúige Uladh (*the Province of Ulster*)

The counties (arranged by province)

Cúige Chonnacht

Gaillimh (*Galway*)	Contae **na** Gaillimhe (*County Galway*)
Liatroim (*Leitrim*)	Contae Liatroma (*County Leitrim*)
Maigh Eo (*Mayo*)	Contae **Mhaigh** Eo (*County Mayo*)
Ros Comáin (*Roscommon*)	Contae Ros Comáin (*County Roscommon*)
Sligeach (*Sligo*)	Contae **Shligigh** (*County Sligo*)

Cúige Laighean

Baile Átha Cliath (*Dublin*)	Contae **Bhaile** Átha Cliath (*County Dublin*)
Ceatharlach (*Carlow*)	Contae **Cheatharlach** (*County Carlow*)
Cill Chainnigh (*Kilkenny*)	Contae **Chill** Chainnigh (*County Kilkenny*)
Cill Dara (*Kildare*)	Contae **Chill** Dara (*County Kildare*)
Cill Mhantáin (*Wicklow*)	Contae **Chill** Mhantáin (*County Wicklow*)

An Iarmhí (*Westmeath*)	Contae **na hI**armhí (*County Westmeath*)
Laois (*Laois*)	Contae Laoise (*County Laois*)
Loch Garman (*Wexford*)	Contae Loch Garman (*County Wexford*)
An Longfort (*Longford*)	Contae Longfoirt (*County an Longford*)
Lú (*Louth*)	Contae Lú (*County Louth*)
An Mhí (*Meath*)	Contae **na Mí** (*County Meath*)
Uíbh Fhailí (*Offaly*)	Contae Uíbh Fhailí (*County Offaly*)

Cúige Mumhan

Ciarraí (*Kerry*)	Contae **Chiarraí** (*County Kerry*)
An Clár (*Clare*)	Contae an **Chláir** (*County Clare*)
Corcaigh (*Cork*)	Contae **Chorcaí** (*County Cork*)
Luimneach (*Limerick*)	Contae Luim**nigh** (*County Limerick*)
Port Láirge (*Waterford*)	Contae **P**hort Láirge (*County Waterford*)
Tiobraid Árann (*Tipperary*)	Contae **T**hiobraid Árann (*County Tipperary*)

Cúige Uladh

Aontroim (*Antrim*)	Contae Aontroma (*County Antrim*)
Ard Mhacha (*Armagh*)	Contae Ard Mhacha (*County Armagh*)
An Cabhán (*Cavan*)	Contae an **Chabháin** (*County Cavan*)
Doire (*Derry*)	Contae **Dhoire** (*County Derry*)
An Dún (*Down*)	Contae an **Dúin** (*County Down*)
Dún na nGall (*Donegal*)	Contae **Dhún** na nGall (*County Donegal*)
Fear Manach (*Fermanagh*)	Contae **F**hear Manach (*County Fermanagh*)

| Muineachán (*Monaghan*) | Contae **Mhuineacháin** (*County Monaghan*) |
| Tír Eoghain (*Tyrone*) | Contae **Thír** Eoghain (*County Tyrone*) |

Countries

Afghanistan An Afganastáin
Albania An Albáin
Algeria An Ailgéir
Argentina An Airgintín
Armenia An Airméin
Australia An Astráil
Austria An Ostair

Bangladesh An Bhanglaidéis
Belgium An Bheilg
Bolivia An Bholaiv
Bosnia An Bhoisnia
Brazil An Bhrasaíl
Britain An Bhreatain
Bulgaria An Bhulgáir

Cambodia An Chambóid
Cameroon Camarún
Canada Ceanada
Chile An tSile
China An tSín
Colombia An Cholóim
Croatia An Chróit
Cuba Cúba
Cyprus An Chipir
Czech Republic Poblacht Ina
  Seice

Denmark An Danmhairg

Ecuador Eacuadór
Egypt An Éigipt
El Salvador An tSalvadóir
England Sasana
Estonia An Eastóin
Ethiopia An Aetóip

Faroe Islands Oileáin Fharó
Finland An Fhionlainn
France An Fhrainc

Georgia An tSeoirsia
Germany An Ghearmáin
Great Britain An Bhreatain Mhór
Greece An Ghréig
Guatemala Guatamala

Haiti Háití
Honduras Hondúras
Hungary An Ungáir

Iceland An Íoslainn
India An India
Indonesia An Indinéis
Iran An Iaráin
Iraq An Iaráic
Ireland Éire
Israel Iosrael
Italy An Iodáil

Jamaica Iamáice
Japan An tSeapáin
Jordan An Iordáin

Kenya An Chéinia
Korea An Chóiré
Kuwait Cuáit

Latvia An Laitvia
Lebanon An Liobáin
Libya An Libia
Lithuania An Liotuáin
Luxembourg Lucsamburg

Malawi An Mhaláiv
Malaysia An Mhalaeisia
Mali Mailí
Malta Málta
Mexico Meicsiceo
Moldova An Mholdóiv
Monaco Monacó
Mongolia An Mhongóil
Morocco Maracó
Mozambique Mósaimbíc
Myanmar Maenmar

Namibia An Namaib
Nepal Neipeal
Netherlands An Ísiltír
New Zealand An Nua-
  Shéalainn
Nicaragua Nicearagua
Nigeria An Nigéir
Northern Ireland Tuaisceart
  Éireann
North Korea An Chóiré Thuaidh
Norway An Iorua

Pakistan An Phacastáin
Paraguay Paragua
Peru Peiriú
Philippines Na hOileáin
  Fhilipíneacha
Poland An Pholainn
Portugal An Phortaingéil

Republic of South Africa
  Poblacht na hAfraice Theas
Romania An Rómáin
Russia Cónaidhm na Rúise
  (An Rúis)
Rwanda Ruanda

Saudi Arabia An Araib
  Shádach
Scotland Albain
Senegal An tSeineagáil
Serbia An tSeirbia
Slovakia An tSlóvaic
Slovenia An tSlóivéin
Somalia An tSomáil
South Korea An Chóiré
  Theas
Spain An Spáinn
Sri Lanka Srí Lanca
Sudan An tSúdáin
Sweden An tSualainn
Switzerland An Eilvéis
Syria An tSiria

Taiwan An Téaváin
Tanzania An Tansáin
Thailand An Téalainn
Tunisia An Túinéis
Turkey An Tuirc

Uganda Uganda
Ukraine An Úcráin
United Arab Emirates Aontas
  na nÉimíríochtaí Arabacha
United Kingdom An Ríocht
  Aontaithe
Uruguay Uragua
USA Stáit Aontaithe
  Mheiriceá

Venezuela Veiniséala
Vietnam Vítneam

Wales An Bhreatain Bheag

Yemen Poblacht Éimin

Zambia An tSaimbia
Zimbabwe An tSiombáib

Taking it further

Dictionaries

de Bhaldraithe, Tomás (ed.), *Foclóir Bearla-Gaeilge* (main English–Irish dictionary), Oifig an tSoláthair, Dublin, 1959 (reprint 1998).

Grundy, Valerie and Ó Cróinín, Breandán (eds), *The Pocket Oxford Irish Dictionary*, Oxford 1999/2000.

Mac Mathúna, Séamus, Ó Corráin, Ailbhe, and Ó Mianáin, Padraig (eds), *Pocket Irish Dictionary*, Harper Collins, 1997.

Ó Baoill, Dónall P. (ed.), *Foclóir Póca*, An Gúm, Dublin, 1986.

Ó Dónall, Niall and de Bhaldraithe, Tomás (eds), *Foclóir Gaeilge-Bearla* (main Irish–English dictionary), Oifig an tSoláthair, Dublin, 1977.

An Roinn Oideachais, *An Foclóir Beag*, Oifig an tSoláthair, Dublin, 1991. (Also available online at: www.esis.ul.ie/focloir).

Grammar books

Mac Congáil, Nollaig, *Irish Grammar Book*, Cló Iar-Chonnachta, 2004

Mac Murchaidh, Ciarán, *Cruinnscríobh na Gaeilge*, Cois Life, 2002/2004.

Irish courses

Beginners

Byrne, Annette, *Gaeilge agus Fáilte*, ITÉ/Gael Linn 2001).
Book and two 60-minute audio cassettes.

Ó Sé, Diarmuid and Sheils, Joseph, *Teach Yourself Irish*,
Hodder and Stoughton, 1993/2002. Book and two CDs.

Intermediate

Ó Dónaill, Éamonn, *Turas Teanga*, Gill and Macmillan, 2004. Book,
three audio CDs, two DVDs and a website (www.rte.ie/tv/turasteanga).

Irish-language classes

In the Gaeltachtaí

The following organizations offer Irish-language courses in the
Gaeltachtaí, the Irish-speaking regions of Ireland:

An Chrannóg, Srath na Corcra, Na Doirí Beaga, Letterkenny,
Co. Donegal
Phone: (353) (074) 953 2208
Fax: (353) (074) 953 2189
Email: eolas@Crannog.iol.ie
Website: www.crannog.ie

Áras Mháirtín Uí Chadhain, An Cheathrú Rua, Conamara,
Co. Galway
Phone: (353) (091) 595101/595038
Fax: (353) (091) 595041
Email: caitriona.uichualain@oegaillimh.ie
Website: www.gaeilge.oegaillimh.ie/aras_chadhain.html

Dáil Uladh, Coláiste Uladh, Gortahork, County Donegal
Phone: (353) (074) 916 5822
Email: dailuladh@eircom.net
Website: www.dailuladh.com

Ionad Foghlama Chléire, Carraig an Éisc, Cape Clear Island,
Co. Cork
Phone: (353) (028) 39190/39198
Email: eolas@cleire.com
Website: www.cleire.ie

Oideas Gael, Gleann Cholm Cille, Co. Donegal
Phone: (353) (074) 973 0248
Fax: (353) (074) 973 0348
Email: eolas@oideas-gael.ie
Website: www.oideas-gael.com

Oidhreacht Chorca Dhuibhne, Ballyferriter, Co. Kerry
Phone: (353) (066) 9156100
Fax: (353) (066) 9156348
Email: mus@cfcdteo.iol.ie
Website: www.corca-dhuibhne.com

Dublin

Áras Chrónáin, Orchard Road, Clondalkin, Dublin 22
Phone: (353) (01) 457 4847
Fax: (353) (01) 457 4847
Email: brian@araschronain.com
Website: www.araschronain.com

Conradh na Gaeilge (The Gaelic League), 6 Harcourt Street,
Dublin 2
Phone: (353) (01) 475 7401
Fax: (353) (01) 475 7844
Email: eolas@cnag.ie
Website: www.cnag.ie/bunus/rang.htm

Gaelchultúr Ltd., Filmbase Building, Curved Street, Temple Bar, Dublin 2
Phone: (353) (353) (01) 675 3658
Email: eolas@gaelchultur.com
Website: www.gaelchultur.com

Gael Linn, 35 Dame Street, Dublin 2
Phone: (353) (01) 676 7283
Fax: (353) (01) 676 7030
Email: gaellinn@eircom.net
Website: www.gael-linn.ie

Websites

Portal sites

An tEolaire, Leathanaigh Bhuí na Gaeilge
www.egt.ie/lghlin/eolaire.html

Foras na Gaeilge
www.gaeilge.ie

Gaelport
www.gaelport.com

Gaeilge ar an Ghréasán
www.smo.uhi.ac.uk/gaeilge/gaeilge.html

Online magazines and newspapers

Beo!
www.beo.ie

Foinse
www.foinse.ie

The media

Radio

RTÉ Raidió na Gaeltachta, Casla, Conamara, Co. Galway
Phone: (353) (091) 506677
Fax: (353) (091) 506666
Email: rnag@rte.ie
Website: www.rte.ie/rnag

Raidió na Life 106.4 FM, 7 Merrion Square, Dublin 2
(broadcasting in Dublin area only)
Phone: (353) (01) 661 6333
Fax: (353) (01) 676 3966
Email: rnl102@iol.ie
Website: http://homepages.iol.ie/~rnl102

Television

TG4, Baile na hAbhann, Conamara, Co. Galway.
Phone: (353) (091) 505050
Fax: (353) (091) 505021
Email: eolas@tnag.ie
Website: www.tg4.ie

Magazines

Beo! (www.beo.ie) – online edition only

Comhar, 5 Merrion Row, Dublin 2
Tel: (353) (01) 678 5443
Fax: (353) (01) 678 5443
Email: eolas@comhar-iris.ie
Website: www.comhar-iris.ie

Places to use Irish

An tOireachtas

An tOireachtas, the main cultural festival in the Irish language, is a celebration of the language and culture. It is organized by Conradh na Gaeilge; the first half of the festival is held in Dublin in May and the second part in a different location every year around the end of October or the beginning of November. There is a literary competition every year in poetry, journalism, drama, short stories, and the novel. There are also competitions in traditional singing (*sean-nós*), music and storytelling, as well as exhibitions, set-dancing workshops, book launches and so on.

An tOireachtas, 6 Harcourt Street, Dublin 2
Phone: (353) (01) 475-3857
Fax: (353) (01) 475-8767
Email: eolas@antoireachtas.ie
Website: www.antoireachtas.ie

The Frankie Kennedy Winter School

Named after Frankie Kennedy, founding member of the group Altan, The Frankie Kennedy Winter School is an annual event celebrating the strong and vibrant musical tradition of Donegal. The festival begins around 28 December and continues until

2 January and is held in the Irish-speaking region of Gaoth Dobhair in northwest Donegal. Concerts are held in the beautiful Ionad Cois Locha venue in Dunlewey and in one of the local hotels, Óstán Ghaoth Dobhair. Additionally, there are regular music sessions and workshops on various musical instruments, which cater for young and old alike.

Phone: (353) (074) 953-1639
Email: gearoidm@iol.ie

Language and Culture Summer School, Oideas Gael

Held at the end of July each year in south-west Donegal. Language classes and a wide variety of workshops (tin whistle, set dancing, singing, etc.).

Oideas Gael, Gleann Cholm Cille, Co. Donegal
Phone: (353) (074) 973 0248
Email: eolas@oideas-gael.com
Website: www.oideas-gael.com

An Chultúrlann

Irish-language centre, including restaurant, theatre and bookshop, in west Belfast.

Cultúrlann McAdam Ó Fiaich, 216 Falls Road, Belfast BT12 6AH
Phone: (028) 90 964180
Email: eolas@culturlann.ie
Website: www.culturlann.com

Key to 'Test yourself'

Unit 1

A 1 mBaile. 2 nDoire. 3 Londain. 4 nGlaschú. 5 Muineachán.
6 bPáras. 7 dTrá. 8 Sasana. 9 gCúba. 10 bhFear.

B 1 **d** and **r** are both slender. 2 **f** and **l** are both broad. 3 **p** is broad
and **b** is slender. 4 **p** is broad and **s** is slender. 5 **d** is broad.

In context

Read the following descriptions from a dating website and answer
the questions that follow. The vocabulary box will help you
understand what is going on.

<u>Caoimhín</u> is ainm dom. Rugadh i mBaile Átha Cliath mé ach tá mé
i mo chónaí ar an <u>mBun</u> Beag anois. Tá dúil agam sa pheil ach níl
mé ar fhoireann ar bith.

Seán an t-ainm atá orm. Rugadh i gCorcaigh mé ach <u>tógadh</u> i
gContae Chiarraí mé. Tá mé i mo chónaí ar bhruach na habhann.
Bím ag obair i mbialann agus tá dúil agam sa chócaireacht.

Máire is ainm dom. Rugadh ar an mBaile <u>Meánach</u> mé ach tógadh i
mBéal Feirste mé. Tá <u>gruaig</u> fhionn orm agus is bean chairdiúil mé.

Vocabulary

ainm (*name*), rugadh (*born*), i mo chónaí (*living*), dúil (*interest*),
foireann (*team*), tógadh (*brought up*), bruach na habhann

(*riverbank*), bialann (*restaurant*), cócaireacht (*cooking*), gruaig (*hair*), fionn (*blond*), cairdiúil (*friendly*).

1. Find examples of eclipses in the text.
2. Find examples of lenition in the text.
3. There are a few words underlined in the passages. Say whether they end in a broad or a slender consonant.

Unit 2

A 1 masculine. 2 feminine. 3 feminine. 4 feminine. 5 feminine. 6 masculine. 7 feminine. 8 masculine. 9 masculine. 10 feminine.

B 1 an t-airgead. 2 an tseirbhís. 3 an áis. 4 an bhialann. 5 an t-athrú. 6 an fhorbairt. 7 an t-eolaí. 8 an t-iarratas. 9 an taithí. 10 an t-irisleabhar. 11 an ollscoil. 12 an t-ábhar. 13 an t-oideachas. 14 an Béarla. 15 an Ghréigis. 16 an t-óstán. 17 an phictiúrlann. 18 an mheánscoil. 19 an meánleibhéal. 20 an scuab.

C 1 an fheadóg. 2 an t-ospidéal. 3 an bhainis. 4 an bradán. 5 an bheoir. 6 an sáirsint. 7 an t-oráiste. 8 an cuireadh. 9 an Ghearmáinis. 10 an tseamróg. 11 an bhileog. 12 an cheardlann. 13 an comhlacht. 14 an fhuinneog. 15 an t-eagarthóir. 16 an fhilíocht. 17 an príosún. 18 an bhagairt. 19 an éagóir. 20 an t-iarrthóir. **D** 1 weak. 2 weak. 3 strong. 4 strong. 5 weak. 6 weak. 7 strong. 8 weak. 9 weak. 10 strong.

In context

Read the following passage from Sean's diary and answer the questions that follow. The vocabulary box will help you understand what is going on.

Bhí an mhaidin go holc. Bhí an aimsir go dona ar fad agus bhí an carr briste. Shiúil mé isteach go dtí an baile mór ach bhí na siopaí druidte mar gurbh é an Domhnach a bhí ann. Chuaigh mé ar ais chuig an teach agus d'amharc mé ar an teilifís ach ní raibh ceann ar bith de na <u>cláir</u> maith. Bhí na <u>ceannlínte</u> nuachta ann ar a deich agus chuala mé go raibh taisme ann ar bhóthar a bhí in aice mo thí. Chuir mé scairt ar mo mháthair ach níor thug sí freagra ar an nguthán.

> ## Vocabulary
>
> maidin (*morning*), go holc (*bad*), an aimsir (*the weather*), go dona (*bad*), briste (*broken*), baile mór (*town*), druidte (*closed*), d'amharc mé ar (*I watched*), cláir (*programmes*), ceannlínte nuachta (*news headlines*), taisme (*accident*), bóthar (*road*), chuir mé scairt ar (*I phoned*), máthair (*mother*), fregara (*answer*), guthán (*phone*).

1. Pick out all the feminine singular words in the passage.
2. Pick out all the masculine singular words in the passage.
3. Say whether the underlined words in the passage are strong or weak plurals.

Unit 3

A *Genitive singular masculine:* doras an chairr; bean an tsiúinéara; ag moladh an athar, trasna an bhóthair.
Genitive singular feminine: bun na sráide; baill na heagraíochta; trasna na tíre; ag bun na bileoige.
Genitive plural: focail na n-amhrán; ag seoladh na mbád; ag cur na gceisteanna; daonra na dtíortha.

B 1 cistine. 2 ollaimh. 3 oifigigh. 4 meánscoile. 5 hóráide. 6 tséipéil. 7 trialach. 8 sróine. 9 chontae. 10 hearráide.

C 1 gcistineacha. 2 n-ollúna. 3 n-oifigeach. 4 meánscoileanna. 5 n-óráidí. 6 séipéal. 7 dtrialacha. 8 srón. 9 gcontaetha. 10 n-earráidí.

In context

Read the following passage from a novel and answer the questions that follow. The vocabulary box will help you understand what is going on.

Bhí mac an fheirmeora ina shuí cois na farraige lá amháin i lár an tsamhraidh. Bhí sé ar mhuin na muice agus é ag léamh leabhair agus ag ithe milseán. Bhí buidéal líomanáide aige a cheannaigh sé i lár an bhaile mhóir. Bhí áthas air nach raibh sé sa bhaile ag scubadh na n-urlár, ag glanadh na bhfuinneog nó ag treabhadh na bpáirceanna.

> ## Vocabulary
>
> mac an fheirmeora (*the farmer's son*), cois na farraige (*by the sea*), in lár (*in the middle*), an samhradh (*summer*), ar mhuin na muice (*really happy*), leabhar (*book*), milseán (*sweet*), líomanáid (*lemonade*), an baile mór (*the town*), bhí áthas air (*he was happy*), sa bhaile (*at home*), ag scuabadh (*brushing*), urlár (*floor*), ag glanadh (*cleaning*), fuinneog (*window*), ag treabhadh (*ploughing*), páirceanna (*fields*).

1. Find examples of masculine words in the genitive singular.
2. Find examples of feminine words in the genitive singular.
3. Find examples of words in the genitive plural.

Unit 4

A 1 oíche dheas. 2 bean dhathúil. 3 fear dathúil. 4 bia blasta. 5 an bhialann Fhrancach. 6 cúrsa fada. 7 an deirfiúr chiallmhar. 8 sráidbhaile beag. 9 sráid fhada. 10 scrúdú deacair.

B 1 laethanta teo. 2 daoine láidre. 3 crainn mhóra, arda. 4 amhráin fhada, shuimiúla. 5 ballaí daingne. 6 ceisteanna casta, deacra. 7 mná breátha. 8 fir bhreátha. 9 pócaí folmha. 10 teaghlaigh mhóra.

C 1 Is sibhse an triúr is sine sa chlann. 2 Tá mise chomh sean le Deirdre. 3 Is í Maria an cailín is óige sa chlann. 4 Tá Pádraig níos cliste ná Darren. 5 Is é an duine is cliste. 6 Is í an duine is deise sa teaghlach. 7 Is mise an duine is sine. 8 Is iad Mairéad agus Ciarán an bheirt is sine.

In context

Read Máire's description of her classmates and answer the questions that follow. The vocabulary box will help you understand what is going on.

Is í Úna an ghirseach is óige sa rang. Is girseach chiúin shoineanta í. Tá gruaig fhionn uirthi agus tá dath gorm ar a cuid súl.

Is é Seán an duine is airde sa rang. Is gasúr cainteach feargach é agus níl sé ar an duine is dícheallaí. Is é an peileadóir is fearr sa scoil é.

Is í Caoimhe an duine is sine sa rang. Is cailín ard agus tanaí í. Tá sí spóirtiúil ach tá sí cliste fosta. Is í an Gaeilgeoir is measa í.

Is iad Pól agus Peadar na daoine is falsa sa rang. Is daoine lácha cairdiúla iad ach is beag leo an obair. Tá Pól níos sine ná Peadar ach tá Peadar níos mó.

Vocabulary

girseach (*girl*), is óige (*youngest*), rang (*class*), ciúin (*quiet*), soineanta (*innocent*), gruaig (*hair*), dath (*colour*), gorm (*blue*), a cúd súl (*her eyes*), is airde (*tallest*), gasúr (*boy*), cainteach (*talkative*), feargach (*angry*), is dícheallaí (*most diligent*), peileadóir (*footballer*), is fearr (*best*), is sine (*oldest*), ard (*tall*), tanaí (*skinny*), spóirtiúil (*sporty*), cliste (*smart*), Gaeilgeoir (*Irish speaker*), is measa (*worst*), is falsa (*laziest*), lách (*pleasant*), cairdiúil (*friendly*), is beag leo (*they hate*), obair (*work*), níos mó (*bigger*).

1. Find examples of **an attributive adjective governed by a masculine noun.**
2. Find examples of **an attributive adjective governed by a feminine noun.**
3. Find examples of **a predicative adjective.**
4. Find examples of **the comparative and superlative forms of an adjective.**
5. Find examples of **an attributive adjective in the plural.**

Unit 5

A 1 seanbhean; drochbhean. 2 seanuaireadóir; drochuaireadóir.
3 seanduine; drochdhuine. 4 seanamhrán; drochamhrán.
5 seantiománaí; drochthiománaí. 6 seanphictiúr; drochphictiúr.
7 seancholáiste; droch-choláiste. 8 seanfhadhb; drochfhadhb.
9 seancharr; droch-charr. 10 seanóstán; drochóstán.

B 1 an-bhocht; róbhocht. 2 an-deacair;ródheacair. 3 an-gheal;
rógheal. 4 an-ard; ró-ard. 5 an-fhliuch; rófhliuch. 6 an-te; róthe.
7 an-íseal; ró-íseal. 8 an-saibhir; róshaibhir. 9 an-uasal; ró-uasal.
10 an-domhain; ródhomhain. 11 an-mhilis; rómhilis. 12 an-bhodhar;
róbhodhar. 13 an-éasca; ró-éasca. 14 an-tirim; róthirim.
15 an-sleamhain; róshleamhain.

C 1 do dheartháir. 2 do dheartháirse. 3 a macsan. 4 a n-uncail.
5 mo phost. 6 mo phostsa. 7 a uncail. 8 a huncail. 9 a uncailsean.
10 a huncailse.

In context

Read the following conversation and answer the questions that
follow. The vocabulary box will help you understand what is
going on.

Máire: Tá sé an-fhuar agus an-dorcha inniu, nach bhfuil?

Caoimhe: Tá sé rófhuar le dul amach. Sílim go bhfanfaidh mé i mo
theachsa agus go n-imreoidh mé cluiche le mo dheartháir.

Máire: Tá mo mháthair ag dul ag siopadóireacht ach tá mise rólag. Sílim go bhfanfaidh mé i mo luí agus go ligfidh mé mo scíth má bhíonn mo dheartháirse ciúin.

Vocabulary

fuar (*cold*), dorcha (*dark*), dul (*go*), amach (*out*), fan (*wait*), imir (*play*), cluiche (*game*), deartháir (*brother*), máthair (*mother*), siopadóireacht (*shopping*), lag (*weak*), fan (*stay, remain*), lig mo scíth (*relax*), ciúin (*quiet*).

1. Find examples of **an-** in the passage. Can you explain why one of them is lenited while the other is not?
2. Find examples of **ró-** in the passage. Can you explain why one of them is lenited while the other is not?
3. Pick out examples of the possessive adjective in the passage.
4. Pick out examples of emphatic suffixes in the passage.

Unit 6

A 1 idir meán lae. 2 as Béal Feirste; i mBaile Átha Cliath. 3 do Mhícheál; d'Eoin. 4 ar deargmheisce; ar Bhríd. 5 idir Fhrancaigh agus Ghearmánaigh. 6 ó Shamhain go hAibreán. 7 roimh dheireadh. 8 ar cíos. 9 chuig Siobhán. 10 go Glaschú.

B 1 leis an airgead. 2 san árasán. 3 don sagart. 4 ar an meánscoil. 5 chuig an oifigeach. 6 faoin gcéad bhliain. 7 don iriseoir. 8 ón dráma. 9 roimh an téarma. 10 leis an aiste. 11 san fhuinneog. 12 sa tsúil. 13 ar an mbóthar. 14 ar an talamh. 15 don deartháir. 16 chuig an mbean. 17 ón uisce. 18 ar an ollscoil. 19 faoin mbosca. 20 roimh an samhradh.

In context

Read the following information given about the location of a hidden treasure and answer the questions that follow. The vocabulary box will help you understand what is going on.

Tá a bhfuil de thaisce ag an bhfoghlaí mara ar iarraidh agus tá
sé ar mire. Chaill sé é áit éigin idir Éirinn agus Albain. Níl sé san
fharraige agus d'amharc sé timpeall na loinge agus níl sé ar bord. Tá
treoracha aige agus bainfidh sé úsáid as compás ach caithfidh sé é a
dhéanamh gan cuidiú ar bith. Rachaidh sé ó dheas agus le cuidiú Dé
aimseoidh sé é roimh mhaidin.

Vocabulary

taisce (*treasure*), foghlaí mara (*pirate*), ar iarraidh (*missing*), ar
mire (*mad*), farraige (*sea*), timpeall na loinge (*around the ship*),
treoracha (*directions*), bain úsáid as (*use*), compás (*compas*),
cuidiú (*help*), ó dheas (*south*), le cuidiú Dé (*with the help of
God*), aimsigh (*find*), maidin (*morning*).

---

1. Find in the passage examples of prepositions (without an
    article) that lenite the nouns that follow.
2. Find in the passage examples of prepositions (without an
    article) that do not lenite the noun that follow.
3. Find examples of prepositions with the article that lenite the
    noun that follows.

Unit 7

A 1 sé; í. **2** tú. **3** tú; thú. **4** siad. **5** iad. **6** í. **7** sé; í. **8** seisean; ise.
9 tusa; mé. **10** tusa; mise. **11** í. **12** iad.

B 1 á moladh. **2** do mo mhúineadh. **3** do bhur gcáineadh. **4** do
d'ionsaí. **5** á bailiú. **6** á cheistiú. **7** á mbualadh. **8** do m'fhágáil.
9 á ndeisiú. **10** á gceannach.

C 1 orm. **2** aisti or inti. **3** di. **4** orm. **5** asam. **6** orthu. **7** uirthi.
8 aici. **9** ann. **10** leis. **11** faoi. **12** orm.

In context

Read the following passage from Seán's diary and answer the questions that follow. The vocabulary box will help you understand what is going on.

Chuaigh mise agus Síle chuig an bpictiúrlann aréir. Bhí ticéad an duine againn. Cheannaíomar seachtain ó shin iad. Bhí ocras orainn an oíche sin ach thugamar milseáin linn. Bhí deoch de dhíth ar Shíle agus cheannaigh mé ceann di agus ceann eile dom féin. Bhí sé iontach deas bheith léi nó is cailín cairdiúil í. Tá coinne eile againn an Aoine seo chugainn agus sílim go rachaimid chuig ceolchoirm. Tá aithne ag Síle ar an gceoltóir agus deir sí gur amhránaí maith é.

Vocabulary

pictiúrlann (*cinema*), aréir (*last night*), ticéad, (*ticket*), ceannaigh (*buy*), seachtain (*week*), ocras (*hunger*), thugamar (*we took*), milseáin (*sweets*), deoch (*drink*), de dhíth (*needed*), ceann (*one*), iontach deas (*really nice*), cairdiúil (*friendly*), coinne (*date*), an Aoine (*Friday*), sílim (*i think*), rachaimid (*we will go*), ceolchoirm (*concert*), tá aithne ag Síle ar (*Síle knows*), ceoltóir (*musician*), amhránaí (*singer*).

---

1. Find all the personal pronouns in the passage.
2. Find all examples of prepositional pronouns in the passage.

Unit 8

A 1 Bailígí an bruscar, le bhur dtoil. 2 Nígí na gréithe. 3 Luígí ar an leaba agus bígí ciúin. 4 Ordaígí bhur ndinnéar go tapa. 5 Ná téigí amach go fóill. 6 Sábhálaigí neart airgid roimh an samhradh. 7 Ná hinsígí dó faoi Nóra. 8 Abraígí leo teacht isteach. 9 Dúnaígí an fhuinneog sin, le bhur dtoil. 10 Freagraígí gach ceist ar an bpáipéar. 11 Críochnaígí an obair sin roimh dheireadh an lae. 12 Ná tugaigí aon aird air.

B 1 hithigí. **2** tugaigí. **3** hinsígí. **4** faigh. **5** tar. **6** tagaigí. **7** habair. **8** ith. **9** suigh. **10** déanaigí.

In context

Read the list of instructions below and answer the questions that follow. The vocabulary box will help you understand what is going on.

A. Glan an teach. Nigh na fuinneoga agus scuab an t-urlár. Bain an féar agus tabhair isteach na héadaí ón líne. Téigh chuig an siopa agus déan an dinnéar réidh.

B. Éirigh agus cuir ort do chuid éadaigh. Fág an teach ar leath i ndiaidh a hocht agus tabhair aghaidh ar an scoil. Buail le do chairde ar an mbealach agus rith an chuid eile den bhealach.

C. Bígí istigh go luath amárach. Amharcaigí ar chlár na bhfógraí agus léigí a bhfuil d'fhógraí ann. Tosaígí bhur gcuid oibre ar a naoi agus ná stopaigí go dtí a cúig.

D. Gabhaigí díreach ar aghaidh. Tiontaígí ar dheis agus leanaigí an bóthar síos. Tugaigí aghaidh ar lár an bhaile agus stopaigí ag na soilse.

Vocabulary

glan (*clean*), teach (*house*), nigh (*wash*), fuinneog (*window*), scuab (*brush*), urlár (*floor*), bain (*cut*), féar (*grass*), tabhair (*bring*), éadaí (*clothes*), líne (*line*), téigh (*go*), siopa (*shop*), déan réidh (*prepare*), dinnéar (*dinner*), éirigh (*get up*), fág (*leave*), tabhair aghaidh ar (*head for*), buail le (*meet*), cairde (*friends*), bealach (*way*), rith (*run*), an chuid eile (*the rest*), istigh (*in*), go luath (*early*), amárach (*tomorrow*), amharc ar (*look at*), clár na bhfógraí (*notice board*), léigh (*read*), fógraí (*notices*), tosaigh (*start*), gabh (*go*), díreach (*directly*), tiontaigh (*turn*), ar dheis (*to the right*), lean (*follow*), lár an bhaile (*the centre of the town*), soilse (*lights*).

1. Which sets of orders are in the second person singular and which sets of orders are in the second person plural?
2. Supply a list of all the regular verbs used in the passage.
3. Supply a list of all the irregular verbs used in the passage.
4. Supply a list of all the verbs in the first conjugation used in the passage.
5. Supply a list of all the verbs in the second conjugation used in the passage.

Unit 9

A 1 d'inis; níor inis. 2 d'fhreastail; níor fhreastail. 3 fuair; ní bhfuair. 4 d'ól; níor ól. 5 dúirt; ní dúirt. 6 thug; níor thug. 7 chuala; níor chuala. 8 d'imir; níor imir. 9 chuaigh; ní dheachaigh. 10 dúirt; ní dúirt. 11 tháinig; níor tháinig. 12 thiomáin; níor thiomáin.

B 1 an ndearna. 2 ar bhuail. 3 an ndeachaigh. 4 ar ól. 5 an bhfaca. 6 ar tháinig. 7 ar cheap. 8 an bhfuair. 9 an raibh. 10 ar thug.

C 1 thiomáineamar (or thiomáin muid). 2 cheannaíomar (or cheannaigh muid). 3 shábhálamar (or shábháil muid). 4 níor ólamar (or níor ól muid). 5 d'imíomar (or d'imigh muid). 6 d'fhoghlaimíomar (or d'fhoghlaim muid). 7 níor chodlaíomar (or níor chodail muid). 8 ní dhearnamar (or ní dhearna muid). 9 d'itheamar (or d'ith muid). 10 ní dheachamar (or ní dheachaigh muid).

D 1 ar mhol. 2 ar thiomáin. 3 ar fhreastail. 4 nár fhoghlaim. 5 an raibh. 6 nach bhfuair. 7 nach bhfacamar. 8 an ndeachaigh. 9 nach ndeachaigh. 10 nár tháinig.

In context

Read the following passage and answer the questions that follow. The vocabulary box will help you understand what is going on.

Mhúscail mé maidin Dé Sathairn go luath ach níor éirigh mé láithreach. Nigh mé mé féin agus chuir mé orm mo chuid éadaigh.

Chuaigh mé síos an staighre agus rinne mé réidh mo bhricfeasta. D'ól mé cupán tae agus d'ith mé píosa aráin. Chonaic mé go raibh sé ag cur fearthainne, mar sin de, níor fhág mé an teach.

Vocabulary

múscail (*wake up*), maidin (*morning*), Dé Sathairn (*on Saturday*), go luath (*early*), láithreach (*straight away*), nigh (*wash*), éadach (*cloth*), staighre (*stairs*), déan réidh (*prepare*) bricfeasta (*breakfast*), ól (*drink*), ith (*eat*), píosa aráin (*piece of bread*), fearthainn (*rain*), mar sin de (*therefore*), fág (*leave*), teach (*house*).

---

1. List the regular verbs used in the passage.
2. List the irregular verbs used in the passage.
3. Change each verb to the first person plural.

Unit 10

A 1 feiceann/ní fheiceann. 2 bím/ní bhím (or bíonn/ní bhíonn). 3 ithim/ní ithim (or itheann/ní itheann). 4 sábhálann/ní shábhálann. 5 foghlaimíonn/ní fhoghlaimíonn. 6 éiríonn/ní éiríonn. 7 téann/ní théann. 8 tá/níl. 9 ólann/ní ólann. 10 imríonn/ní imríonn (or imrím/ní imrím).

B 1 chodlaíonn. 2 n-itheann. 3 bhfágann. 4 fhoghlaimíonn. 5 gceannaíonn. 6 mbíonn. 7 thógann. 8 n-imríonn. 9 thaispeánann. 10 bhfeiceann. 11 gcloiseann. 12 deir.

C 1 an bhféachann. 2 an imríonn. 3 nach dtéann. 4 nach n-itheann. 5 an scríobhann. 6 nach mbíonn. 7 an mbíonn. 8 an bhfágann. 9 nach gceapann. 10 nach dtugann.

In context

Read the following passage and answer the questions that follow. The vocabulary box will help you understand what is going on.

Éirím gach lá ar a seacht. Ním mé féin agus ithim mo bhricfeasta. Fágaim an teach ina dhiaidh sin agus sroichim mo chuid oibre ar a naoi. Tosaím láithreach agus críochnaím ar a cúig. I ndiaidh na hoibre téim ar siúlóid. Tagaim ar ais ansin agus suím síos ar feadh tamaill. Labhraím le m'fhear céile agus ullmhaím an dinnéar. Ligim mo scíth ina dhiaidh sin agus téim a luí go luath. De ghnáth, amharcaim ar scannán agus mé sa leaba.

Vocabulary

éirigh (*get up*), gach lá (*every day*), ina dhiaidh sin (*after that*), sroich (*reach*), mo chuid oibre (*my work*), láithreach (*immediately*), siúlóid (*walk*), ar ais (*back*), ar feadh tamaill (*for a while*), fear céile (*husband*), lig do scíth (*rest yourself*), téigh a luí (*go to bed*), go luath (*early*), de ghnáth (*usually*), scannán (*film*), leaba (*bed*).

1. Make a list of verbs in the first conjugation, writing out their stem.
2. Make a list of verbs in the second conjugation, writing out their stem.
3. Change each of the verbs in the passage to the second person singular.
4. Make each of the verbs in the passage negative.

Unit 11

A 1 tabharfaidh/ní thabharfaidh. 2 léifidh/ní léifidh. 3 sábhálfaidh/ní shábhálfaidh. 4 ceannóidh/ní cheannóidh. 5 gheobhaidh/ní bhfaighidh. 6 tiocfaidh/ní thiocfaidh. 7 rachaidh/ní rachaidh. 8 déanfaidh/ní dhéanfaidh. 9 déarfaidh/ní déarfaidh. 10 tabharfaidh/ní thabharfaidh.

B 1 an dtiocfaidh. 2 nach dtabharfaidh. 3 an bhfeicfidh. 4 ní bhfaighidh. 5 nach gcloisfidh. 6 ní íosfaidh. 7 an ndéarfaidh. 8 an mbeimid. 9 nach ndéanfaidh. 10 nach dtabharfaimid.

C 1 tuigfidh sibh; you will understand (l). 2 suífimid; we will sit (a).
3 ceiliúrfaidh siad; they will celebrate (d). 4 ní éireoimid; we will
not get up (g). 5 ní bheidh siad; they will not be (i). 6 cloisfidh sibh;
you will hear (c). 7 tuigfidh siad; they will understand (e). 8 nach
n-éireoidh siad?; will they not get up? (b) 9 cloisfimid; we will hear
(k). 10 íosfaimid; we will eat (f). 11 nach bhfaighidh sibh?; will you
not get? (h) 12 gheobhaidh mé; I will get (j).

In context

Read the following passage and answer the questions that follow.
The vocabulary box will help you understand what is going on.

Beidh laethanta saoire againn i mbliana. Rachaimid chun na
Spáinne go ceann seachtaine. Imeoimid ag deireadh mhí Iúil
agus glacfaimid eitlit ó Bhaile Átha Cliath. Gheobhaimid síob ón
aerphort agus stopfaimid in óstán in aice na trá. Imeoimid ar chúpla
turas agus caithfimid cuid mhór ama faoin ghrian. Ceannóimid cuid
mhór bronntanas agus fillfimid abhaile sona sásta.

Vocabulary

laethanta saoire (*holidays*), i mbliana (*this year*), an Spáinn
(*Spain*), mí Iúil (*July*), eitilt (*flight*), síob (*lift*), aerphort (*airport*),
óstán (*hotel*), turas (*excursion*), grian (*sun*), bronntanas
(*present*), sona sásta (*really happy*).

---

1. Change each verb in the passage to the first person singular.
2. Change each verb in the passage to a question form, using **an**.
3. Place 'deir sé go...' (*he says that...*) before each verb.

Unit 12

A 1 dhíolfainn/ní dhíolfainn. 2 d'fhanfainn/ní fhanfainn. 3 ba mhaith/
níor mhaith. 4 thaispeánfainn/ní thaispeánfainn. 5 d'ionsódh/ní
ionsódh. 6 déarfadh/ní déarfadh. 7 rachadh/ní rachadh. 8 gheobhadh/
ní bhfaigheadh. 9 d'íosfadh/ní íosfadh. 10 thiocfadh/ní thiocfadh.

B 1 an imreofá. 2 nach mbeifeá. 3 nach mbeidís. 4 nach bhfaighfeá?. 5 an gcloisfeá. 6 an íosfaidís. 7 nach n-íosfaidís. 8 an rachfá. 9 an rachadh. 10 an dtabharfaidís.

C 1 Ní bhfaighinn an leabhar dó. 2 Ní thiocfaidís ar ais. 3 Ní ólfainn cúpla pionta. 4 Ní fhanfainn sa bhaile. 5 Ní déarfainn leo imeacht. 6 Ní inseoinn an fhírinne. 7 Ní fhoghlaimeodh sé ceacht. 8 Ní fheicfeadh sé mé. 9 Ní íosfadh sí an iomarca. 10 Ní dhíolfaimis go daor as.

D 1 thitfeá; you would fall (c). 2 dhúiseodh sibh; you would wake up (b). 3 cheannóinn; I would buy (l). 4 an gcloisfidís?; would they hear? (e). 5 ní inseofá; you would not tell (k) 6 tharraingeoidís; they would draw (i). 7 chosnóinn; I would protect (a). 8 bheidís; they would be (d). 9 bheimis; we would be (j). 10 thitfidís; they would fall (f). 11 nach gcloisfimis; would we not hear? (h). 12 dhéanfá; you would do/make (g).

In context

Read the following passage and answer the questions that follow. The vocabulary box will help you understand what is going on.

Dá mbainfinn an crannchur náisiúnta dhéanfainn cuid mhór rudaí suimiúla. Thabharfainn airgead do gach duine i mo theaghlach. Rachainn ar laethanta saoire agus bheadh mo chuid cairde uile liom. Ansin, cheannóinn teach mór agus gheobhainn carr mór spóirt. D'fhágfainn mo chuid oibre ach chuideoinn le heagraíochtaí carthanachta agus dhéanfainn na rudaí uile nach raibh faill agam a dhéanamh roimhe seo.

Vocabulary

an crannchur náisiúnta (*the national lottery*), rudaí (*things*), suimiúil (*interesting*), teaghlach (*family*), laethanta saoire (*holidays*), uilig (*all*), eagraíochtaí carthanachta (*charitable organizations*), faill (*opportunity*), roimhe seo (*before now*).

1. Change each verb in the passage to the third person plural.
2. Change each verb in the passage to a question form using **an**.
3. Place 'deir sé go…' (*he says that…*) before each verb and change them to the third person singular.

Unit 13

A 1 scríobhainn/ní scríobhainn. 2 bhuaileadh/ní bhuaileadh.
3 d'óladh/ní óladh. 4 d'óladh/ní óladh. 5 d'fhilleadh/ní fhilleadh.
6 deireadh/ní deireadh. 7 mharcáladh/ní mharcáladh. 8 shábháladh/ní shábháladh. 9 ghortaíodh/ní ghortaíodh. 10 d'éirínn/ní éirínn.

B 1 an imríteá. 2 an bpléadh. 3 an dtaispeánadh. 4 an ngortaíteá.
5 an éirídís. 6 nach n-éirídís. 7 an ólaidís. 8 an ithidís. 9 nach gcosnaídís. 10 an dtarraingíodh.

C 1 Ní fhaighinn airgead uaidh. 2 Ní bhuaileadh sé léi go minic.
3 Ní ithinn mo dhinnéar go luath. 4 Ní fhanadh sé liom uaireanta.
5 Ní théimis ansin gach samhradh. 6 Ní scríobhainn chuici gach seachtain. 7 Ní fhoghlaimínn na dánta de ghlanmheabhair. 8 Ní fheiceadh sé mé. 9 Ní óladh sé fíon geal. 10 Ní imrídís galf.

D *Conditional mood:* rachfá; bhuailfinn leis; bheifeá; d'ólfainn; d'íosfainn; thabharfadh sé; scríobhfainn; gheobhainn; chodlódh sibh; d'éireodh sé
Past habitual: chosnaínn; d'óladh sé; thugaimis; thagadh sí; théimis; d'éiríodh sí; ní fhaighinn; bhíteá; d'itheadh sí; thaispeánainn

In context

Read the following passage and answer the questions that follow. The vocabulary box will help you understand what is going on.

Nuair a thagadh an deireadh seachtaine thiomáineadh Máire abhaile ón obair agus dhéanadh sí réidh le himeacht arís. Chuireadh sí roinnt éadaí i mála agus d'imíodh sé go Baile Átha Cliath.

D'fhanadh sí ag cairde dá cuid ansin agus chaitheadh sí an deireadh seachtaine leo ag óg agus ag siopadóireacht. Ní bhíodh deifre abhaile uirthi Dé Domhnaigh. Thagadh sí abhaile ar a sé a chlog d'amharcadh sí ar an teilifís tamall agus théadh sí a luí go luath.

Vocabulary

deireadh seachtaine (*weekend*), tiomáin (*drive*), imeacht (*to leave*), roinnt éadaí (*some clothes*), mála (*bag*), ag ól (*drinking*), ag siopadóireacht (*shopping*), deifre (*hurry*), abhaile (*homewards*).

---

1. Place each verb in the passage in the first person singular.
2. Place each verb in the passage in the first person plural.
3. Place deir sí go.. (*she said that...*) before each verb.

Unit 14

A 1 Gurab amhlaidh duit. 2 Go mbeannaí Dia duit. 3 Go dté tú slán. 4 Go raibh míle maith agat. 5 Go ndéana a mhaith duit. 6 Go dtaga do ríocht. 7 Go ndéana Dia trócaire air. 8 Go maire sibh bhur saol nua. 9 Go maire tú is go gcaithe tú iad. 10 Go maire tú is go gcaithe tú é.

B 1 molta. 2 briste. 3 ite. 4 pógtha. 5 léimthe. 6 siúlta. 7 tagtha. 8 fógartha. 9 taispeánta. 10 múchta. 11 faighte. 12 ceannaithe. 13 scríofa. 14 ráite. 15 íoctha. 16 círortha. 17 léite. 18 caite. 19 buailte. 20 imeartha.

C 1 ag seinm. 2 ag codladh. 3 ag fágáil. 4 ag tuiscint. 5 ag buachan. 6 ag éirí. 7 ag tiomáint. 8 ag scríobh. 9 ag titim. 10 ag teip. 11 ag cur. 12 ag cloisteáil. 13 ag cosaint. 14 ag úsáid. 15 ag taisteal. 16 ag ligean. 17 ag freastal. 18 ag leanúint. 19 ag seachaint. 20 ag leagan.

In context

Read the following conversation and answer the questions that follow. The vocabulary box will help you understand what is going on.

Máirtín: Go mbeannaí Dia duit ar maidin, a Mháire. An bhfuil do chuid oibre déanta agat go fóill? Tá mise ag imeacht gan mhoill agus tá mé ag déanamh na socruithe.

Máire: Go sábhála Dia muid. An bhfuil an t-am sin tagtha cheana féin? Níl mo chuid oibre críochnaithe go fóill ach tá mé ag léamh na gcáipéisí anois. Tá Caoimhe ag iarraidh an eolais roimh a trí. An bhfuil do lón ite agat go fóill?

Máirtín: Níl agus ní iosfaidh mé anois é. An bhfuil lón ceannaithe agat féin nó thig leat seo a ghlacadh?

Máire: Go méadaí Dia do stór nó tá mo lón dearmadta agam. Tá súil agam go mbeidh an t-am agam é a ithe.

Vocabulary

go fóill (yet), gan mhoill (soon), socruithe (arrangements), cáipéisí (documents), eolas (information), lón (lunch), dearmad (forget).

1. Make a list of all of the subjunctive forms in the passage. Can you give the stem of each of the verbs?
2. Make a list of all the verbal adjectives in the passage. Can you give the stem of each of the verbs?
3. Make a list of all the verbal nouns in the passage. Can you give the stem of each of the verbs

---

Unit 15

A 1 gur. 2 an. 3 nach. 4 gurb. 5 is. 6 nach. 7 gur. 8 nach. 9 ní. 10 gurb.

B 1 is í/ní hí. 2 sea/ní hea. 3 is chugam/ní chugam. 4 is breá/ní breá.
5 sea/ní hea. 6 is iad/ní hiad. 7 sea/ní hea. 8 is aoibinn/ní haoibhinn.
9 is dó/ní dó. 10 sea/ní hea. 11 is mé/ní mé. 12 is é/ní hé.

C 1 Ba bhean dheas í. 2 Ar dhuine díograiseach é? 3 Ba í Síle an
rúnaí. 4 Níorbh é Liam a rinne an obair. 5 B'iontach an lá é.
6 Ba dheirfiúracha iad Michelle agus Deirdre. 7 Nár chairde iad an
bheirt sin? 8 Arbh é do chara é? 9 Ba é Breandán a uncail. 10 B'fhiú
duit é a cheannach.

In context

Read these descriptions of people and their families and answer
the questions that follow. The vocabulary box will help you
understand what is going on.

Seán: Is mise Seán agus is múinteoir mé. Is banaltra í mo bhean
chéile agus is daltaí scoile iad mo chuid páistí.

Síle: Is mise Síle agus is cigire scoile mé. Is meicneoir é m'fhear céile
ach ní maith leis a phost.

Caoimhín: Is í Úna an duine is sine sa teaghlach. Is é Seán an duine
is óige ach is é an duine is mó é. Is suimiúil linn an scoil.

Seán: Is é Pádraig mo mhúinteoir. Is é an múinteoir is fearr sa
scoil é. Is í bean Uí Mhurchú an príomhoide agus ní maith liom í
nó is í an duine is crosta ar domhan í.

Vocabulary

múinteoir (*teacher*), banaltra (*nurse*), bean chéile (*wife*),
daltaí scoile (*schoolchildren*), páistí (*children*), cigire scoile
(*school inspector*), meicneoir (*mechanic*), post (*job*), suimiúil
(*interesting*), príomhoide (*head teacher*), crosta (*cross*), ar
domhan (*in the world*).

1. Make a list of classification sentences in the passage.
2. Make a list of identification sentences in the passage.
3. Make a list of sentences using the copula and an adjective.
4. Put each of the copular sentences in the past tense.

Unit 16

A 1 gortaíodh/níor gortaíodh. 2 glantar/ní ghlantar. 3 baileofar/ní bhaileofar. 4 chonacthas/ní fhacthas. 5 cloistear/ní chloistear. 6 d'ionsófaí/ní ionsófaí. 7 rinneadh/ní dhearnadh. 8 íosfar/ní íosfar. 9 moltar/ní mholtar. 10 thaispeántaí/ní thaispeántaí. 11 rachfar/ní rachfar. 12 d'íoctaí/ní íoctaí.

B 1 ar caitheadh. 2 an imrítear. 3 an ndeirtí. 4 an bhfuarthas. 5 an ití. 6 ar thángthas. 7 an ionsaítí. 8 an mbailítear. 9 an inseofar. 10 an ndéanfaí. 11 an bhfaighfí. 12 an dtugtar.

C *Past tense:* níor glanadh; sábháladh; fágadh.
Past habitual: deirtí; ní bhailítí; thugtaí.
Present tense: íoctar; ní shábháiltear; ní fhágtar.
Future tense: ionsófar; ceiliúrfar; ní thaispeánfar.
Conditional: d'ionsófaí; gheofaí; ní bheifí.

In context

Read the following passages and answer the questions that follow. The vocabulary box will help you understand what is going on.

a. Cuireadh an cluiche ar ceal aréir. Rinneadh ionsaí ar dhuine de na himreoirí agus tugadh chun na hotharlainne é. Gabhadh na daoine a rinne an t-ionsaí agus tugadh go stáisiún na ngardaí iad.

b. Ceannaítear cuid mhór bronntanas ag an Nollaig. Téitear thar fóir agus caitear cuid mhór airgid. Déantar cuid mhór olacháin ach baintear sult as.

c. Tosófar rang Gaeilge an tseachtain seo chugainn. Teagascfar na ranganna sa halla pobail áitiúil. Cuirfear fáilte roimh gach duine agus foghlaimeofar cuid mhór.

Vocabulary

cluiche (*game*), cuir ar ceal (*cancel*), ionsaí (*attack*), imreoir (*player*), otharlann (*hospital*), gabh (*arrest*), stáisiún na ngardaí (*garda station*), bronntanas (*present*), an Nollaig (*Christmas*), thar fóir (*over the top*), ólachán (*drinking*), bain sult as (*enjoy*), rang Gaeilge (*Irish Language class*), halla pobail (*public hall*), cuir fáilte roimh (*welcome*).

---

1. Give the stem of the verb for each verb in each passage.
2. Make a positive question form out of each verb in the passage.
3. Place the verbs in passage B in the conditional mood.
4. Place the verbs in passage C in the past habitual tense.

Unit 17

A 1 fiche a cúig. 2 tríocha a ceathair. 3 seasca a haon. 4 céad a tríocha. 5 céad tríocha a dó. 6 cúig chéad ochtó. 7 seacht gcéad fiche a cúig. 8 míle naoi gcéad. 9 dhá mhíle trí chéad seachtó. 10 dhá mhíle ocht gcéad. 11 deich míle cúig chéad. 12 dhá chéad míle.

B 1 céad ochtó euro. 2 nócha euro. 3 céad nócha euro. 4 céad caoga euro. 5 caoga a cúig euro. 6 seachtó a cúig euro.

C 1 dhá charr. 2 cúig oíche. 3 seacht mbó dhéag. 4 sé cinn. 5 seacht gcinn. 6 ocht mbliana. 7 trí bliana. 8 fiche cathaoir. 9 seacht siopa. 10 naoi euro.

D 1 dhá charr déag. 2 cúig oíche dhéag. 3 seacht n-óstán déag. 4 trí bliana déag. 5 cúig huaire déag. 6 dhá bhó dhéag. 7 ocht seachtaine déag. 8 ceithre chathaoir déag. 9 sé lá dhéag. 10 trí horlaí déag.

In context

Read the following items on a shopping list and answer the questions that follow. The vocabulary box will help you understand what is going on.

Éadaí
Geansaí * 3
Léine * 7
Péire bróg * 4
Péire stócaí * 9

Earraí tí
Canna * 12
Píonta bainne * 2
Púdar níocháin * 1
Mála prátaí * 7

Ilchineálach
Cárta * 13
Leabhar * 6
Cathaoir *3
Stampa * 13

Vocabulary

geansaí (*jumper*), léine (*shirt*), péire bróg (*pair of shoes*), péire stócaí (*pair of socks*), canna (*can*), pionta bainne (*pint of milk*), púdar níocháin (*washing powder*), mála prátaí (*bag of* potatoes), cárta (*card*), leabhar (*book*), cathaoir (*chair*), stampa (*stamp*).

---

1. Supply each of the figures above in words making the relevant changes to the noun.

Unit 18

A 1 beirt pháistí; triúr páistí. **2** beirt cheoltóirí; triúr ceoltóirí.
3 beirt amhránaithe; triúr amhránaithe. **4** beirt dochtúirí; triúr
dochtúirí. **5** beirt iníonacha; triúr iníonacha. **6** beirt deartháireacha;
triúr deartháireacha. **7** beirt fheirmeoirí; triúr feirmeoirí. **8** beirt
mhac; triúr mac. **9** beirt tiománaithe; triúr tiománaithe. **10** beirt
mháithreacha; triúr máithreacha

B 1 seisear amhránaithe. **2** beirt dochtúirí. **3** deichniúr
ceoltóirí. **4** triúr iníonacha. **5** beirt mhac. **6** ceathrar múinteoirí.
7 seachtar tiománaithe. **8** naonúr altraí. **9** cúigear ban.
10 deichniúr fear.

C 1 triúr páistí; three children (f). **2** dáréag múinteoir; twelve
teachers (a). **3** beirt mhac; two sons (g). **4** seisear oifigeach;
six officers (h). **5** aon dochtúir déag; eleven doctors (j). **6** triúr
deartháireacha; three brothers (d). **7** fiche dochtúir; twenty doctors
(e). **8** cúig amhránaí dhéag; fifteen singers (i). **9** cúigear oifigeach;
five officers (c). **10** ceathrar mac; four sons (b).

In context

Read the following count of different professions in a group and
complete the exercise that follows. The vocabulary box will help
you understand what is going on.

Múinteoir * 2
Saighdiúir * 12
Banaltra * 4
Meicneoir * 6
Tiománaí * 7
Cigire * 1
Fáilteoir * 2
Péintéir * 9
Dalta scoile * 10
Marcach * 2

1. Write each of the figures above in words making the relevant changes to the noun.

Unit 19

A 1 sa chéad áit; sa cheathrú háit. **2** ar an ochtú. **3** an chéad oíche; an dara hoíche. **4** an chéad deoch. **5** an chéad chasadh; an dara ceann. **6** an seachtú bliain. **7** an chéad chruinniú; sa chúigiú seomra. **8** an t-ochtú huair. **9** an dara téarma; deireadh mhí an Mhárta. **10** an seachtú hurlár; an tríú casadh.

B 1 an cúigiú lá déag de mhí an Mheithimh. **2** an dara lá is fiche de mhí an Aibreáin. **3** an cúigiú lá de mhí na Samhna. **4** an t-aonú lá déag de mhí Lúnasa. **5** an tríochadú lá de mhí na Nollag. **6** an cúigiú lá is fiche de mhí Eanáir. **7** an t-aonú lá is tríocha de mhí na Bealtaine. **8** an t-ochtú lá déag de mhí Iúil. **9** an fichiú lá de mhí Feabhra. **10** an t-ochtú lá is fiche de mhí Dheireadh Fómhair.

C 1 ar an gcúigiú (or chúigiú) lá déag de mhí an Mheithimh. **2** ar an dara lá is fiche de mhí an Aibreáin. **3** ar an gcúigiú (or chúigiú) lá de mhí na Samhna. **4** ar an aonú lá déag de mhí Lúnasa. **5** ar an tríochadú lá de mhí na Nollag. **6** ar an gcúigiú (or chúigiú) lá is fiche de mhí Eanáir. **7** ar an aonú lá is tríocha de mhí na Bealtaine. **8** ar an ochtú lá déag de mhí Iúil. **9** ar an bhfichiú lá de mhí Feabhra. **10** ar an ochtú lá is fiche de mhí Dheireadh Fómhair.

D 1 an cúigiú bosca. **2** an naoú hoifig. **3** an dara duine. **4** an t-ochtú huair. **5** an tríú bliain. **6** an deichiú hIodálach. **7** an chéad oifig. **8** an chéad bhliain. **9** an séú doras. **10** an seachtú casadh.

In context

Look at Pól's diary below and then answer the questions that follow.
The vocabulary box will help you understand what is going on.

Eanáir
1: lá saoire banc
8: tús na hoibre
12: ceolchoirm

Feabhra
9: breithlá Chaoimhín
20: turas go Corcaigh

Márta
31: lá saor

Aibreán
2: fiaclóir
8: árachas
29: cluiche peile

Bealtaine
2: breithlá Mháire
4: cóisir

Meitheamh
12: cuairt

Iúil
4: lá amuigh

Lúnasa
6: laethanta saoire
17: ar ais ar obair

Meán Fómhair
27: cúrsa

Deireadh Fómhair
1: breithlá Sheáin
6: cluiche iománaíochta

Samhain
18: mo bhreithlá
20: turas go Tír Chonaill

Nollaig
2: bronntanas le ceannach
8: turas go Béal Feirtse
25: an Nollaig

Vocabulary

lá saoire bainc (*bank holiday*), tús na hoibre (*start of work*),
breithlá (*birthday*), turas (*trip*), lá saor (*free day*), fiaclóir
(*dentist*), árachas (*insurance*), cóisir (*party*), cuairt (*visit*), lá
amuigh (*day out*), laethanta saoire (*holidays*), ar ais (*back*), ar
obair (*to work*), iománaíocht (*hurling*), an Nollaig (*Christmas*).

Answer each of the questions below giving the date in words

1. When is Pól's birthday?
2. When has he to go to the dentist?
3. When has he a game of football?
4. When are his holidays?
5. When is he going to Cork?
6. When in January is the bank holiday?
7. When has he to buy a present?
8. When is Máire's birthday?
9. When in August is he back to work?
10. What date is Christmas?

Unit 20

A 1 anonn; thall. 2 amach. 3 amuigh. 4 amach. 5 thíos. 6 thuas; anuas. 7 suas. 8 istigh. 9 síos. 10 aníos.

B 1 riamh. 2 go deo or choíche. 3 i gceann. 4 go ceann. 5 le. 6 ar feadh. 7 ar feadh. 8 i gceann. 9 i rith. 10 le linn.

C 1 mí ó amárach. 2 coicís ó amárach. 3 coicís ó inniu. 4 seachtain ó amárach. 5 amárach. 6 inné. 7 arú inné. 8 seachtain is an lá inniu. 9 coicís is an lá amárach. 10 coicís ó shin. 11 coicís is an lá inné. 12 mí ó shin.

In context

Read the following information about people's movements and answer the questions that follow. The vocabulary box will help you understand what is going on.

Síle: Tá mise ag dul anonn chun na Spáinne.
Peadar: Tá mise istigh sa teach.
Caoimhe: Tá mise ag teacht anall as Sasana.
Gearóid: Tá mise ag dul ó thuaidh.

Pól: Tá mise ag teacht aduaidh

Críostóir: Tá mise abhus.

Máire: Beidh mise ag teacht aneas i gceann seachtaine.

Ciarán: Bhí mise amuigh ansin ar feadh seachtaine.

Lorcán: Chuaigh mise isteach san arm.

Úna: Tá mise thiar anseo le seachtain.

Vocabulary

Sasana (*England*), arm (*army*).

For each question below, name the person the information relates to.

1. Who is going north?

2. Who is in the house?

3. Who has been in the west for a week?

4. Who is coming from the south in a week's time?

5. Who was out there for a week?

6. Who is here?

7. Who went into the army?

8. Who is coming over from England?

9. Who is coming from the north?

10. Who is going over to Spain?

Unit 21

A 1 bheidh. 2 rinne. 3 a bhuail. 4 ar fhág. 5 a tháinig. 6 a bhfuair. 7 a bhí. 8 a raibh. 9 a ndeachaigh. 10 a chonaic. 11 ar thug. 12 ar bhuail.

B 1 bheidh. 2 ar bhuail. 3 a dtéann. 4 ndeachaigh. 5 bheidh. 6 a d'fhan. 7 ar chuir. 8 a raibh. 9 chuaigh. 10 ndeachaigh. 11 théann. 12 a dhéanann.

In context

Read the following passage and answer the questions that follow. The vocabulary box will help you understand what is going on.

Sin an fear a bhfuil aithne agam air. Tá a mhac ag obair sa gharáiste atá i lár na cathrach. Cuidíonn sé liom nuair a théim ann. Ní maith liom an fear a bhfuil siopa aige taobh leis sin. Is trua é nó sin siopa a gceannaím mo chuid earraí tí ann. Is cuimhin liom lá a ndeachaigh mé isteach ann; sílim gur ar lorg bainne a bhí mé. Chuaigh mé isteach agus labhair mé leis an mbean a bhíonn ag obair ann. Dúirt sí nach raibh bainne ar bith fágtha. Cé a tháinig isteach an uair sin ach fear an tsiopa agus thug se íde don bhean úd nár chuir an t-ordú isteach; ní mó ná sásta a bhí mé.

Vocabulary

garáiste (*garage*), cuidigh (*help*), trua (*pity*), earraí tí (*groceries*), bainne (*milk*), íde (*tongue lashing*), ordú (*order*).

---

1. Make a list of all the direct relative examples in the passage.
2. Make a list of all the indirect relative examples in the passage.
3. Put all the examples, both direct and indirect, in the future tense.

Unit 22

A 1 inniu; an lá sin. 2 inné; an lá roimhe sin. 3 arú inné; dhá lá roimhe sin. 4 aréir; an oíche roimhe sin. 5 amárach; an lá ina dhiaidh sin. 6 arú amárach; dhá lá ina dhiaidh sin. 7 anocht; an oíche sin. 8 anois; ansin or an uair sin. 9 i mbliana; an bhliain sin. 10 anuraidh; an bhliain roimhe sin.

B 1 Dúirt sí go raibh sí ag dul abhaile an lá ina dhiaidh sin. 2 Dúirt sí go mbíodh sí sa bhaile gach lá ar a cúig. 3 Dúirt sí go raibh Niall ansin dhá lá roimhe sin. 4 Dúirt sí go mbeadh siad ar ais dhá lá ina dhiaidh sin. 5 Dúirt sí go raibh an áit plódaithe an oíche roimhe

sin. **6** Dúirt sí go ndéanfadh sí an obair dó dá mbeadh sí saor.
7 Dúirt sí go n-ólfadh sí an iomarca dá mbeadh sí ansin. **8** Dúirt sí
go mbíodh Gearóidín ansin go minic. **9** Dúirt sí go bhfeicfeadh sí
an lá ina dhiaidh sin é. **10** Dúirt sí go ndeachaigh siad ansin an lá
roimhe sin.

C 1 gan; rá. **2** éisteacht. **3** oscailt. **4** dhéanamh. **5** gan; labhairt.
6 teacht; suí. **7** fháil. **8** gan teacht. **9** ithe. **10** chríochnú.

In context

Read the following passage answer the questions that follow. The
vocabulary box will help you understand what is going on.

Tá an bheirt bhádóirí thíos sa bhád. Ní raibh a fhios agam an raibh
siad beo ná marbh. Níor ith siad bia nó níor ól siad deoch inné.
Chuaigh mé síos chucu agus d'amharc mé isteach sa bhád. Níor
chreid mé cad é a bhí romham. Bhí siad beirt ina gcodladh. Labhair
mé leo. "Éirígí" a dúirt mé ach níor thug siad freagra ar bith orm.

Vocabulary

bádóir (*boatman*), beo (*alive*), marbh (*dead*), deoch (*drink*),
freagra (*answer*).

---

1. Rewrite the passage above placing 'dúirt sé' (he said) at the
start of each sentence. Remember that verbs, pronouns,
prepositional pronouns and adverbs of time must be changed.
2. Put the paragraph you have just created in the future tense
placing 'deir sé' (he says) at the start of each sentence.

Vocabulary

bádóir (*boatman*), beo (*alive*), marbh (*dead*), bia (*food*), deoch
(*drink*), freagra (*answer*).

Grammatical index

Numbers refer to the units where the information can be found.